- 北京市教委课题《北京市房地产业发展过热与房地产业定位的关系研究》（编号：SM201210038002）研究成果
- 首都经济贸易大学土地资源管理学科（编号：01691654100105）资助

房地产业：宏观调控与产业定位

刘水杏 田晓泽/著

FANGDI CHANYE
HONGGUAN TIAOKONG
YU CHANYE DINGWEI

中国财经出版传媒集团
经济科学出版社
Economic Science Press

4.3 中国房地产业宏观调控的评价 / 55

房地产泡沫与宏观调控：境外经验　　58

- 房地产泡沫的国际经验 / 58
- 美国的房地产业及其宏观调控 / 59
- 日本的房地产业及其宏观调控 / 63
- 新加坡的房地产业及其宏观调控 / 70
- 中国香港的房地产业及其宏观调控 / 72

实证分析：北京市房地产业的产业关联与宏观调控　　76

- 北京市房地产业与宏观经济发展历程 / 76
- 北京市房地产业对经济增长的拉动效果分析 / 89
- 北京市房地产业高位运行对经济增长的损失量化分析 / 96

中国房地产业的重新定位与供给侧改革　　103

- 次明确界定房地产业支柱产业的地位 / 103
- 给侧的改革 / 106
- 求导向的改革 / 119

国房地产业可持续发展的关键政策　　132

- 政策 / 133
- 政策 / 138
- 政策 / 141
- 政策 / 142

图书在版编目（CIP）数据

房地产业：宏观调控与产业定位/刘水杏，田晓泽著.
—北京：经济科学出版社，2016.11
ISBN 978-7-5141-7510-3

Ⅰ.①房… Ⅱ.①刘…②田… Ⅲ.①房地产业-宏观经济调控-研究-中国②房地产业-产业定位-研究-中国 Ⅳ.①F299.233

中国版本图书馆 CIP 数据核字（2016）第 281176 号

责任编辑：杜　鹏
责任校对：杨　海
版式设计：齐　杰
责任印制：邱　天

房地产业：宏观调控与产业定位
刘水杏　田晓泽/著
经济科学出版社出版、发行　新华书店经销
社址：北京市海淀区阜成路甲 28 号　邮编：100142
总编部电话：010-88191217　发行部电话：010-88191522
网址：www.esp.com.cn
电子邮件：esp_bj@163.com
天猫网店：经济科学出版社旗舰店
网址：http://jjkxcbs.tmall.com
北京季蜂印刷有限公司印装
710×1000　16 开　9.5 印张　200000 字
2017 年 4 月第 1 版　2017 年 4 月第 1 次印刷
ISBN 978-7-5141-7510-3　定价：46.00 元
(图书出现印装问题，本社负责调换。电话：010-88191510)
(版权所有　侵权必究　举报电话：010-88191586
电子邮箱：dbts@esp.com.cn)

第1章 房地产业：一个特殊的产业

1.1 房地产业的经济属性 / 1

1.2 房地产业的社会属性 / 5

1.3 房地产业的政治属性 / 6

1.4 房地产业的环境属性 / 9

第2章 房地产业：产业分类与衡

2.1 产业分类及房地产业的地位

2.2 房地产业的衡量指标 / 2

第3章 房地产业的发展环境

3.1 房地产业的发展环境

3.2 房地产业的发展模式

第4章 产业定位与宏观

4.1 房地产业定位的

4.2 中国房地产业的

第5

5.

5.

5.

5.

第6章

6.1

6.2

6.3

第7章

7.1

7.2

7.3

第8章 中

8.1 土

8.2 金融

8.3 财税

8.4 信息

参考文献 / 146

2

第 1 章

房地产业：一个特殊的产业

房地产（Real Estate）是指土地、建筑物及其地上的附着物，包括物质实体和依托于物质实体的物权①。房地产又称"不动产（real property, immovable property）"②，是房产和地产的总称。房产是指各种房屋，包括住宅、仓库、厂房、商厦、写字楼、医院和体育用房等；地产则包括土地和地上地下的各种基础设施（如地面道路、停车场、供热、供水、消防、通信网络、供电、供气、排水和排污等管网设施）。

1.1 房地产业的经济属性

顾名思义，房地产业是经营房地产的产业，在我国国民经济核算体系中，房地产业是指以土地和建筑物为经营对象，从事房地产的开发、经营、买卖、租赁、经纪、代理、评估、物业管理以及维修和服务等一系列相关经济活动的综合性产业。房地产业的经济活动主要限于流通领域，不包括房屋建筑工程、

---

① 房地产物权除所有权外，还有所有权衍生的租赁权、抵押权、土地使用权、地役权和典当权等。
② 英语 real estate 中的 real 并非其本意"真实"的意思，也并非说不动产就是真实的资产；而动产与之相比显得不真实。real estate 起源于君主制下的领土世袭制，天下之大，莫非王土，所有的土地都属于国王的财产，因此，不动产最原始的意思是王室领土（royal estate）。real 来自法语中的 royale，诺尔曼人在征服英格兰时将法语中的这个词带入英语，演变为 real estate。

房地产业：宏观调控与产业定位

土木建筑工程、安装建筑工程等建筑生产领域，因此，房地产业被严格定义为第三产业，即服务业。我国对房地产业的范围界定与国际通用的标准较为接近。

"土地是财富之母，劳动是财富之父"。作为国民经济的一个产业，房地产业的属性首先是其经济属性。根据《经济学家》杂志 2014 年年底对发达国家总资产的评估，房地产资产占了总资产的 57%。

2014 年，我国全国土地出让收益 42940.30 亿元；土地购置面积 33383 万平方米；土地成交价款 10020 亿元；房地产开发投资 95036 亿元，其中，国内贷款 21243 亿元，利用外资 639 亿元，自筹资金 50420 亿元，其他资金 49690 亿元。[①] 房地产业吸引的资金量巨大，涉及的产业和部门众多。而在政府的财政收入中，房地产业也是一个主要的收入来源。

从表 1.1 中的数据可以看出房地产业在国家财政税收中的重要地位，以及房地产业在国家宏观经济和社会分配中所发挥的作用。

表 1.1　　　　　　　2010～2014 年中国财政收入情况　　　　　　　单位：亿元

	2010 年	2011 年	2012 年	2013 年	2014 年
全国一般公共财政收入	83102	103740	117254	129210	140350
中央一般公共财政收入	42488	51306	56175	60198	64490
地方一般公共财政收入（本级）	40613	52547	61078	69011	75860
税收收入	73211	89720	100614	110531	119158
房地产营业税	—	—	4051	5411	5627
房地产企业所得税	—	—	—	2850	2961
房产税	894	1102	1372	1582	—
契税	2465	2764	2874	3844	3986
土地增值税	1278	2063	2719	3294	3914
耕地占用税	889	1075	1621	1808	2059
城镇土地使用税	1004	1222	1542	1719	1993
全国政府性基金收入	36785	41363	37535	52269	54093
中央政府性基金收入	3176	3131	3318	4238	4097
中央政府性基金收入（本级）	33609	38232	34217	48030	49996
国有土地使用权出让收入	30109	33173	28886	41266	42940

资料来源：财政部；中国房地产协会，《中国房地产年鉴》，企业管理出版社 2015 年版。

① 中国房地产协会：《中国房地产年鉴 2015》，企业管理出版社 2015 年版。

第1章　房地产业：一个特殊的产业

表 1.2 中的数据则显示了国有土地使用权出让收入在地方财政收入中的比重和 2010～2014 年的变化趋势。在房地产产业进入下行通道的阶段，国有土地使用权出让收入占地方财政收入的比例仍然达到了 56.6%，占地方财政收入的半壁江山，即意味着很多地方的财政所依赖的就是国有土地使用权出让收入，如果这些收入不复存在，一些地方的财政将无法运行，类似于美国底特律市政府破产这样的情况将会非常普遍。

表 1.2　　　2010～2014 年国有土地使用权收入占地方财政收入比重　　单位：亿元

年份	地方财政收入	增幅（%）	国有土地使用权出让收入	增幅（%）	土地出让收入占地方财政收入的比重（%）
2010	40613	24.6	30109	111.4	74.1
2011	52547	29.4	33173	10.2	63.1
2012	61078	16.2	28886	-12.9	47.3
2013	69011	12.9	41266	42.9	59.8
2014	75860	9.9	42940	4.1	56.6

资料来源：财政部；中国房地产协会，《中国房地产年鉴 2015》，企业管理出版社 2015 年版。

对于宏观经济和中央及地方财政，房地产的经济属性如此明显、如此重要，那么对于微观个人家庭，房地产业在社会的微观金融中又占有什么样的地位呢？

而西南财经大学中国家庭金融调查与研究中心的调查数据则与表 1.3 中数据有着很大的差距，该金融调查与研究中心的调查数据显示，2015 年中国家庭总资产中，房产占比高达 69.2%。而美国另一家研究机构的数据则与西南财经大学中国家庭金融调查与研究中心的调查数据比较吻合（见图 1.1）。

表 1.3　　　不动产在英国、美国和中国家庭财富净值构成的比重

	家庭财富净值	不动产	实物资产	金融资产	个人养老金
英国（英镑）	9.5 万亿	3.5 万亿	1.1 万亿	1.3 万亿	3.6 万亿
	100%	36.8%	11.6%	13.7%	37.9%
美国（美元）	85.7 万亿	24.6 万亿	5.6 万亿	34.4 万亿	21.1 万亿
	100%	28.8%	6.5%	40.0%	24.6%

3

续表

	家庭财富净值	不动产	实物资产	金融资产	个人养老金
中国 （美元）	21.0万亿	7.0万亿	3.0万亿	10.6万亿	0.3万亿
	100%	33.3%	14.3%	50.5%	1.54%

资料来源：The standard & poor's report，2014.

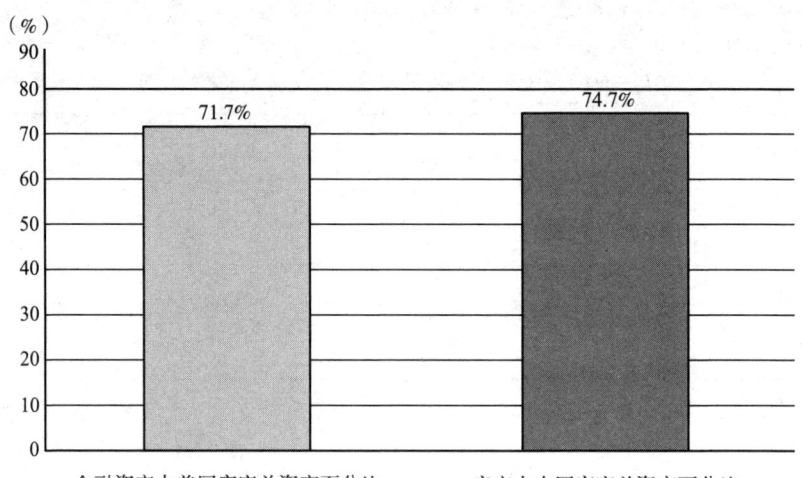

图1.1 中美家庭财富中金融资产和房地产占比的比较

哪一组数据更准确，我们无法判断，但标准普尔的数据是统计数据，西南财经大学中国家庭金融调查与研究中心的是家庭调研数据，后者似乎更可信一些。而无论是哪一组数据都足以说明房地产在家庭经济中鲜明的经济属性，房地产在中国家庭经济生活中的基础性地位。

中国人民银行发布的《2014年金融统计数据报告》显示，2014年人民币存款余额为113.86万亿元；外汇储备余款为3.84万亿美元；2013年年末全国国有企业资产总额为104.1万亿元；截至2016年1月8日，沪深股市流通市值为37.21万亿元，截至2015年年末，M_2余额为139.23万亿元。而截至2015年年末全国城镇的房地产总面积大概是340亿平方米，若按4000元/平方米计算，全国房地产总值大概为136万亿元。无论怎么横向比较，房地产业的经济属性都是非常鲜明的。

1.2　房地产业的社会属性

土地和房屋是承载人类生活与工作的空间，而人类生活与工作的地方形成社会，房地产业因此自然而然地拥有了社会属性。

房地产为整个社会经济活动的开展提供了重要和基本的要素。房地产是一切产业部门不可或缺的空间物质条件，是生产经营活动必要的条件和依托。几乎所有的经济活动都离不开土地和房屋这一基本的物质保证，这就确定了房地产业的基础性地位。

居者有其屋，是社会的理想之一，是房屋承担人类生活的基本功能，因此，房地产政策涉及所有的人。房地产业的社会属性反映的是人们对地区设施、环境、人口、资源、社会关系等各种自然和社会属性的整体评价。

房地产业的发展会极大改变一个区域的自然和社会属性，从而提升或降低其区域价值。同样的一块土地，大量的高档住宅在这里建成，这里就可能是一个风景优美的高档住宅区或繁华的商务中心区，区域的整体价值会大幅提升；相反，大量的低档次住宅在这里建成，这里可能就会变成一个既脏乱又不安全的贫民窟。房地产业对区域价值的影响可谓巨大而长远。

首先，房地产业的社会属性体现在对区域设施的改变上。具有一定规模、相对完善、功能齐全的各种设施可以大大提高区域的便捷程度，增加当地的吸引力，并使该地区对周边区域产生明显的辐射力和影响力。房地产业的发展对于基础设施、社会设施建设的需求很大，如电力、煤气、通信设施、邮局、银行、学校等，而各种设施又是房地产业发展中基础性的物质载体，房地产开发经营与各种设施的建设相辅相成、相互促进，对区域价值的影响甚为重要。规划、布局合理的房地产项目通常功能齐全，且具有一定规模，能发挥规模效益。

其次，房地产业对区域价值的影响体现在对区域环境的改变上。房地产业的合理发展可以使当地的环境改观,而优美的环境能使土地和房地产项目增值,并推动区域整体价值的增长,两者相互促进。

此外,房地产业社会属性的影响还体现在对区域人口、资源和技术等其他因素的改变上。房地产业发展可以通过聚集人力、物力资源从而迅速地提升区域价值。比如,20世纪90年代及21世纪前10年,中关村7大电脑城的规划就使园区价值骤然提升。亚运村和奥运村的规划建设对区域价值的提升则更明显。

当然,房地产业社会属性的影响也可能是负面的,当房地产开发对资源环境造成了破坏,或者开发过度,超出了当地资源和设施的承载力,区域价值就会发生相反方向的变化。这是房地产业所应关注的一个重要问题。

房地产业的社会属性对社会、环境等各方面的影响具有两面性,我国房地产业必须坚持可持续发展的思路才能实现人口、环境、资源、科技等各种资源的优化配置和协调发展,才能在发挥房地产业对其他产业带动作用的同时最大限度地发挥积极的旁侧效应。

房地产业的社会属性还表现在对社会文化的影响上。比如,在房价高企、房价收入比长期居高不下的情况下,在一套房子耗掉好几代人积蓄的情况下,大量白领阶层成为房奴的格局将严重影响社会活力和创新精神,也抑制青年一代在文化精神方面的追求,从而进一步加剧了社会分化,形成诸多潜在的社会危机,这就形成了房地产业的政治属性。

1.3 房地产业的政治属性

房地产业对我国经济社会发展和稳定的影响巨大。政治和经济总是紧密相连的。过高的房价严重抑制了社会消费,一套住房消灭一个中产家庭的现实非常不利于我国从"出口拉动"向"内需推动"型经济增长方式的转变,职场租赁成本占一家高科技企业相当一部分投入的现状遏制了我国"硅谷性"创新产业的生机;而房价的大幅下跌则直接造成中产以上家庭财富的缩水，并对金融业乃至经济增长构成威胁。

近年来，经济增长下滑、地方政府债务激增、中小企业破产的风潮以及P2P企业、担保公司的群体性危机背后都隐现着房地产业调控的阴影。社会上对房价、利益分配、住房腐败与调控效果的不满，可能会影响到党群干群关系，影响社会的和谐和稳定。

房地产业具有综合性产业的特点，综合性指的是房地产业贯穿生产、流通、分配和消费各个领域。尽管房地产业以流通领域为主，但它又参与房地产生产的决策、组织、管理，兼有部分生产职能，如参与建筑物的勘察、设计、规划、土地开发等活动。同时，房地产业与房地产的使用和消费紧密结合，在使用和消费过程中承担保养、零星维修，以及各项物业管理服务活动。在此过程中，房地产业必然会与多个产业产生生产技术联系，形成较长的产业链，房地产业的变动对众多相关产业产生连锁反应，并由此影响国民经济的稳定发展。从实证的角度看，房地产业与国民经济的关系非常密切，常常与国民经济互动发展、荣枯与共。在房地产业的发展过程中，房地产的炒作极易诱发泡沫经济，引起国民经济的大幅波动。

房地产业的平稳健康发展已经成为关系到我国社会经济发展的一个全局性问题，正确把握房地产市场调控目标和调控方式、力度和节奏十分重要。在对房地产业的调控过程中，有一个根本性的问题亟待从理论和实践上予以明确，即房地产业与国民经济到底是什么关系，房地产业是否是国民经济的支柱产业，如果是支柱产业，是不是一定意味着价格高位运行、发展过热直至泡沫（其他支柱产业并没有出现如此严重的问题）；或者，如果要稳定房地产价格，进行宏观调控时就必须取消其支柱产业定位吗？因此，从社会经济角度全面客观地分析房地产业的产业定位及其与房地产业发展过热和萎缩的因果关系问题，可以明确目前房地产业过热或萎缩是由于把房地产业定位为支柱产业的理论原因所致，还是因房地产业与金融业等产业密切相关、金融业过度支持房地产业等实践运作问题所致，这些问题对于稳定发展房地产业、明确房地产业的调控方向具有重要的理论意义和现实意义。

20世纪80年代日本的房地产价格猛涨，90年代初泡沫破灭引发经济衰退，至今难以复苏。东南亚国家1997年爆发的金融危机也与房地产泡沫有很大关系。泰国在1997年7月危机暴发之前，商品房空置率达50%，房地产借款约40%成为呆坏账。我国1993年的经济调整在很大程度上与当时房地产热、开发区热造成的泡沫经济成分有关。1993年，我国全部工业产品出厂价上涨了24.0%，其中涨幅高于平均水平的全都是与基建投入相关的产业，冶金工业57.7%，电力工业35.9%，煤炭工业39.7%，石油工业71.3%，建材工业42.8%，森林工业31.8%。1997年年底测算，全国沉淀在房地产上的资金总量约为7000亿元，特别是在一些发展比较快的地区。例如海南省，1988~1997年商品房开发建设总规模达2523万平方米，竣工面积1158万平方米，其余属于在建、停建、报建未开工的工程；销售面积491万平方米。空置房中住宅为241万平方米，办公楼为33万平方米，商业用房为33万平方米，宾馆酒店用房为35万平方米，沉淀资金470多亿元。

同时，房地产业是构成整个社会财富的重要内容[①]，它的发展又是推动工业化和城镇化的重要力量，尤其是推动城市发展的重要支撑力量，因此，房地产业对国民经济和社会发展产生稳定的、长远的影响。

房地产业受地区经济社会发展水平的影响很大，不同地区经济发展差异明显，房地产业的发展不可避免地具有不平衡性。在一些经济发展较快的地区，特别是大中城市发展迅速，房地产业发展水平也比较高，在一些迅速国际化的大城市，如上海、北京、广州等地，房地产业已达到相当的规模，有可能率先成为国民经济的支柱产业，并掀起投资热浪。

而在经济相对比较落后的地区，由于居民的购买力有限，或政府的财力不足，或开发商的投资力度疲软，房地产业难以成为投资热点，无法形成国民经济的重要产业，更不能带动其他产业，处于投资不足的产业。而由于房产业的产品价高、耐用，消费的伸缩性大，需求弹性大，加上利润率高，因此，受整体经济环境和国家政策特别是金融政策和土地政策的影响大，容易造成波动，产生不稳定的因素。

---

① 据统计，美国不动产价值约占国民总财富的3/4，其中，土地占23.2%，建筑物占50%，其他财富占26.8%。参见钱昆润、芦金锋主编：《房地产经济》，中国计划出版社1999年版，第295页。

第1章　房地产业：一个特殊的产业

房地产这么一个牵涉最多资产、最多人群、最广地域的市场，只要出现大的问题，就会影响整个社会的和谐和平稳发展。

1.4　房地产业的环境属性

从人类生存环境的角度，房地产业是人们生存环境的一个重要组成部分，童话别墅点缀的美丽、乡村和豪华楼宇构成的便利城市是人们对现代美好生活的向往。房地产业发展对地区环境的影响主要体现在自然环境和人文环境两个方面。

1. 在自然环境方面，土地是人类各种活动的载体，人类建设自己生活和工作场所的过程也是改变原有自然环境和创造人文环境的过程。房地产业的发展、房地产规划开发对原有土地利用方式产生较大的影响，原有的土地、水体、大气、阳光、生物等自然生态系统也会随之发生较大的改观，形成一种以人工地貌为主的新环境。

房地产业的合理发展，可以充分发挥人工环境的优越性，尽可能地避免对生态环境的负面影响和破坏。主要体现在以下三方面。

（1）清洁优美的水域、空气、绿地公园、其他生物等优质的生态系统。尽管房地产业发展必然对原有自然环境产生较大程度的干预，但合理的房地产业开发和经营会美化原有的自然环境，使其更加规则美观、方便卫生，更符合人们的工作和生活需求。

（2）便捷、完备的基础设施和社会设施。供水、供电、供气、供暖、通信、交通等基础设施以及科学、教育、文化、卫生、体育等社会设施，是实现地区物质、能量、信息交换的基本条件，也是人们生活水平和生活质量的衡量标志。房地产业的合理发展可以极大地促进这些设施的建设和完善。

（3）美丽的建筑物景观。建筑物是人工生态环境系统中的核心，具有美学价值的建筑物不仅满足人们对活动空间的需求，更是作为标志性的景观成为城市的风景。合理的房地产业发展必然在各种规划和开发中更注重这一点。

总之，房地产业的良性发展可以使当地曾经落后的生态环境彻底改观，昔日脏乱的村舍、沟渠被美观的楼房和街道代替；过去的垃圾场成为壮观的体育中心。在欧洲和北美，很多城市规划合理，建筑物错落有致、自然和谐，公园、绿地、住宅、工厂、树木、河流交错，整个城市就是一座花园，令人赏心悦目。

但是，缺乏科学布局的房地产开发可能超出环境承载力的极限，使水体、空气、各种生物等资源不堪重负和过度使用，最终对自然生态造成极大的破坏，出现热岛效应、温室效应、峡谷效应等一系列不良反应，陷入恶性循环之中。比如，不合理的房地产开发，由于设计不合理，配套措施不足，固体废弃物污染得不到及时处理，水体和大气就将受到污染，加上大量的高层建筑拥塞空间，空气流通不畅，绿色植被稀少，空气变得污浊，氧气缺乏，出现疾病蔓延等环境公害。不合理、不配套的房地产业开发和运营还会使建设和管理相脱节，致使各项基础设施和社会设施的建设滞后、维护不力，出现拥挤、短缺、运行不畅，最终降低效率和质量。缺乏合理布局的房地产开发还可能造成建筑物密度过大且内部空间狭小，造型单调、杂乱无章、缺乏美感和文化底蕴。这种环境质量下降、建筑物破损、生活设施残缺等一系列问题的存在与蔓延，使地区整体上不可避免地呈现"脏、乱、差"局面。

2. 在人文环境方面，我国古代"孟母三迁"的故事说明的就是人文环境对人类生活的重要价值。房地产业发展不仅对地区自然环境有较大程度的影响，对人文环境的影响也不容忽视。随着收入水平的提高，人们对生活质量的需求逐步上升，不仅要求物质生活上方便、安逸、舒适，而且要求精神生活上轻松、丰富、多彩，无论身在何处，都需要有更多的触角伸向社会。住宅社会学研究表明，良好的环境不仅能减少烦恼、焦虑、矛盾，摩擦乃至某些危害社会的不轨行为，还会形成互助、互谅的社会风气，促进身心健康。房地产业的合理发展在极大地满足人们住房需求的同时，还可营造良好的生活和工作氛围，满足人们日益提升的各种精神需求。

以北京市朝阳区高校住宅小区望京花园为例，该项目建成后，超过

第1章　房地产业：一个特殊的产业

5000户的教育部部属高校和北京市属高校的教师家庭入住其中，当地的人文环境大为改观，不但原来破旧肮脏的村落被整洁文明的小区所替代，高质量的师资还吸引了北京第八十中学和首都师范大学附属实验小学、刘诗昆钢琴幼儿园等优秀教育单位在此扎营，同时，小区的文明风气对当地民风起到了良好的示范和带动作用。

但过度的、各个环节不能有效协调的房地产规划、开发和运营在大量侵占农地、恶化生态环境的同时，也最终影响着人们的精神生活，诸多的不便极易使人感到心情压抑、烦躁与不安，从而增加人们的工作与心理压力。

因此，从环境影响角度看，房地产业的发展是一把"双刃剑"，只有合理适度发展才能促进地区环境的改善。可喜的是，目前我国房地产业发展已跃上了新的层次，房地产业的发展已步入合理的、可持续发展①轨道，无论在观念上、内容上、模式上还是管理的深度和广度上都与传统的计划经济体制下有很大的区别，房地产业的规划、开发、经营、管理等各领域和各活动体系均在一定程度上建立起了以市场为导向、合理有序的发展模式。这种发展模式在极大地满足人们住房需求的同时，也使城市经济得到了发展，并且大大改善了城市面貌、提升了环境质量。

房地产业的发展和繁荣，尤其是国有土地使用权的有偿出让，为城市建

---

① 可持续发展理论产生于20世纪60~70年代（1962年Rachael Carson发表了《寂静的春天》一书。该书中首次系统地提出了人类对于自己的生存环境的密切关注），主要针对五六十年代传统经济学的一些基本假设（如"自然资源资本几乎都可以通过人造或人力资本来替代，所以现实中只存在资源的相对短缺，不存在绝对短缺，而且这种相对短缺是可以通过替代加以克服的"）提出的。他们认为，自然资源不仅存在相对短缺问题，也存在绝对短缺制约，而且并不是所有的短缺都是可以替代的，这种绝对短缺的存在与扩展将直接制约经济增长。为此，他们提出在经济增长与生态环境保护之间建立一种平衡关系。这中间已经孕育着可持续发展的思想了。1987年，一份由"世界环境与发展委员会"主持的报告（通常被称为"布伦特兰报告"）——《我们共同的未来》发表后，"可持续发展"思想得到了广泛的宣传。1992年，"联合国环境与发展大会"召开并把可持续发展作为会议的中心议题进行了深入的讨论。最后，大会发布了《二十一世纪议程》，对全球的可持续发展作了一些具体的规定，这标志着可持续发展由理论研究阶段进入了实际操作阶段。中国政府于1994年年初完成了《中国21世纪议程》，对中国21世纪的人口、环境与发展问题做出了具体安排。可持续发展在《布伦特兰报告》中的定义：能满足当代的需要但又不危及后代满足他们自己需要的能力的发展方式。《中国21世纪议程》中的定义：它是一条人口、经济、社会、环境和资源相互协调的、既能满足当代人的需求而又不对满足后代人需求的能力构成危害的发展道路。

设、优化城市环境提供了稳定的财政来源。根据表1.1和表1.2中的数据，城市财政收入50%以上来自土地收益，这使得加快旧城改造和完善城市基础设施成为可能，城市的面貌也因此焕然一新。这种优质的发展环境的创建又为本地区经济发展带来生机和活力，进一步吸引资金、劳动力的聚集，促进地方城镇化进程，使地区发展进入一种良性循环的发展状态。

目前我国房地产业发展已基本形成规划、开发、经营、管理等各个环节的协调发展模式，这使得促进城市环境日趋完善成为可能。主要体现在：

（1）土地资源得以优化配置，各种用途的用地比例日趋合理，一些污染大、效益低的工业用地被其他用地所替代，优地得以优用。

（2）在房屋数量不断发展的同时，房屋质量不断改善，房屋和设施的布局、结构日趋合理，城市和地区整体上合理有序。

（3）融服务与管理为一体的完善的物业管理不仅使房屋、设施在使用过程中得以及时维护，同时也营造和维持了优美整洁、方便舒适、安全健康、文明友善的居住和工作环境。

第 2 章

房地产业：产业分类与衡量指标

我国房地产业的发展历史并不长，随着20世纪80年代初开始的城市土地使用制度改革和城镇住房制度改革逐步推进与深化，我国房地产业才逐渐产生和发展起来。90年代之后，房地产业的规模越来越大，影响也越来越大，期间经历了多轮调控，直到形成今天的发展态势。几十年来，我国房地产业一度被政府列为支柱产业，其发展速度和对国民经济的贡献及对其他产业的影响有目共睹。

2.1 产业分类及房地产业的地位

2.1.1 产业与产业经济学

产业①的形成是社会分工的结果，随着生产力水平的不断提高，人类社

---

① 产业（industry）是指经济体系中使用相同的原材料、运用相同的工艺技术方法生产具有同等使用功能可相互替代产品的企业的集合，产业一词的外延可大可小，可以泛指国民经济中的各行各业，比如工业、农业、商业、服务业等；还可以细化到产业层面，比如农业中的种植业、养殖业，服务业中的金融业、交通运输业等。从字面和使用范围来看，产业的概念在汉语中是财产或生产作业之意，在英语中，产业一词是"industry"，它可以指工业，也可以指国民经济的各行各业，大至部门，小到产业，都可以称为industry。

会共经历了三次社会大分工。社会经济的发展，科学技术水平的不断提高，使社会分工和专业化程度越来越高，新技术、新工艺、新材料的产生尤其是互联网的迅速发展使得产业的内涵和外延逐渐扩大，涌现出了很多新兴产业部门，例如计算机产业、电子工业、原子能工业、互联网产业等，当然也包括房地产业和金融业。产业种类的愈加多样化、细化和专业化是社会发展进步的结果，专业化即提高了生产效率，社会经济能够取得更好的发展。

"产业"是目前经济学界频繁使用的词汇之一。"产业"一词尽管出现的时间较早，但产业经济学成为一门独立的学科却是第二次世界大战以后在日本完成的。第二次世界大战后的日本面临着复兴和重建的任务，日本政府很重视产业政策，这样，20世纪50年代初一些学者开始专门研究如何加快产业发展，到70年代，日本的产业经济取得惊人成功，从而使产业经济学为世界各国和理论界普遍重视，并形成了最初的产业经济学体系。

实际上，产业经济学是在西方经济学基础上衍生出来的。西方经济学的基础理论由微观经济学和宏观经济学组成，微观经济学的研究对象是单个经济单位，主要是关于单个生产厂商或单个消费者如何以有限的资源获取最大的生产利润或如何以有限的收入取得最大效用的理论；宏观经济学的研究对象是国民经济总量，即国民收入的形成、分配和使用，围绕如何刺激和控制社会总需求以实现社会总供给和社会总需求的大体平衡，因此，宏观经济学只关心社会再生产过程中最终产品的总量运动，并不分析中间产品的交换与消费关系。由此，在研究微观企业的微观经济学和研究宏观国民经济总量的宏观经济学之间，一个揭示产业之间生产与交换关系的产业经济学便应运而生了。产业经济学主要对现实经济活动中的产业关系进行实证分析和应用研究，属应用经济学。

产业经济学的研究领域和对象是介于微观企业和宏观国民经济之间的"产业"，但不同学者从不同的研究角度对于产业的理解不同。产业界定和产业分类是研究产业结构、产业间关系的基础。不同的经济理论对产业有不同的表述和划分。

2.1.2 产业分类的方法与演进

产业经济学的研究基础是产业分类，而产业分类有着不同的方法和规则。生产结构分类法是产业分类中最常用的方法。产业结构分类是依据再生产过程中各产业间的关系而进行的分类方法。具体来说，马克思的两大部类分类法以及"农轻重"的分类就是这种分类法的具体体现。

两大部类分类法是马克思研究资本主义社会再生产过程的理论基础。在马克思主义的政治经济学文献里，产业一词是指从事物质生产的工业部门或产业。产业的分类是根据产品在再生产过程中的不同作用，将物质领域的社会总产品分为两大部类，即作为第Ⅰ部类的生产资料和作为第Ⅱ部类的消费资料。

需要注意的是，马克思提出的两大部类不包括非物质生产部门，而目前的产业概念已从物质生产部门扩展到包括非物质生产部门在内的广阔领域。同时，由于两大部类分类法在实际的直接运用中划分界限难以确定，可操作性差，有不少产品既可作为生产资料又可作为消费资料，即这些产品既可以划为第Ⅰ部类又可以划为第Ⅱ部类。

为了应用马克思两大部类的分类理论，农轻重分类法应运而生。这种分类法是将社会经济活动中的物质生产分为农业、轻工业和重工业三个部分，农业指包括农林牧副渔在内的大农业，轻工业指以生产生活消费资料为主的物质生产部门，重工业指生产生产资料的工业部门。农轻重分类法主要是包括我国在内的一些社会主义国家在计划经济时代使用的一种产业分类方法。目前，随着各国市场机制的建立，这种分类方法逐渐被其他方法所代替。

另外一种生产结构分类法是霍夫曼产业分类法。德国经济学家霍夫曼在对工业化过程进行考察和分析时，曾把工业部门分成消费资料产业（食品、纺织、皮革等）、资本资料产业（机械工业、化学工业、金属制品等）和其他产业三类（如橡胶、木材加工、印刷等）。

生产结构分类法是物质产品平衡体系（MPS）下的产业分类方法，MPS仅核算物质产品，不包括非物质产品，这种国民经济核算体系为苏联和东欧

房地产业：宏观调控与产业定位

国家以及计划经济体制下的我国所采用。随着经济的市场化转轨和全球经济一体化进程的加快，这种产业分类方法也随 MPS 核算体系一起在转轨国家被 SNA 体系及与之相适应的产业分类方法逐渐替代。

我国在 1992 年颁布了《中国国民经济核算体系（试行方案）》（NEAS），对原来采用的国民经济核算方法进行调整，形成了一种既与 MPS 一致又与 SNA 接近的新的核算方法，即 NEAS 体系。与此相适应，产业分类方法也需要逐步调整，但由于我国的新国民经济核算体系介于 MPS 和 SNA 之间，因此，产业分类未能严格按照国际标准产业分类法进行。不过，在产业分类中，以新国民经济核算体系中关于统计单位划分的原则作为划分产业的基本原则，并吸取世界各国产业分类标准的经验，在具体分类中尽可能与 ISIC 靠拢，以便于进行国际比较。

三次产业分类法是按照劳动对象的性质和生产过程的特征进行产业分类的方法，是目前研究产业经济和产业结构的一种重要的分类方法，也是许多国家国民经济核算中的常用方法[①]。按照这一分类方法，整个社会经济活动将分为三大门类。

第一类是指人类直接从自然界中取得产品以满足自己最基本的需要的产业，主要包括农业、畜牧业、游牧业、狩猎业、渔业、林业等，统称为第一产业。

第二类是指人类利用自然资源经过加工取得产品以满足自己进一步需要的产业，主要包括采掘业、制造业、建筑业等，统称为第二产业。

第三类是指人类为生产、生活和社会发展提供劳务服务以满足自己更多需要的产业，主要包括商业、运输业、通讯业、金融保险业、旅游业等公共

[①] 英国经济学家、新西兰奥塔哥大学教授费希尔（A. G. B. Fisher）于 1935 年在他所著的《安全与进步的冲突》一书中首先提出了三次产业分类法，对三次产业分类法进行了理论分析。他认为，在人类发展的不同阶段会出现和产生不同的经济活动特征，按照各种经济活动的本质差别可以将其划归为三种产业。随后，英籍澳大利亚经济学家和统计学家克拉克在其 1940 年出版的《经济进步的条件》一书中应用这种分类方法研究了经济发展与产业结构变化之间关系的规律，从而使这种方法的应用得到普及。随后，这种产业分类方法被澳大利亚和新西兰统计学界所承认并推广使用于政府的统计手册中。从 20 世纪 50 年代后期开始，西方经济学界和统计部门普遍采用了三次产业分类法，目前，这种分类法已被世界上许多国家接受。

第2章 房地产业：产业分类与衡量指标

服务业以及科学、卫生、文化、教育、政府等公共行政事业，统称为第三产业。

当前世界各国在国民经济核算与统计中采用的产业分类基本都可以归并为三次产业，只是因经济发展水平和经济结构的不同在产业细分上有不同之处。

我国于20世纪80年代中期引入了三次产业分类法，关于三次产业划分的具体标准和范围是：

第一产业，农业（包括林业、畜牧业、渔业等）；

第二产业，工业（包括采掘业、制造业、自来水、电力、蒸汽、煤气的制造供应业）和建筑业；

第三产业，除第一、二产业之外的其他各业。

根据我国实际，第三产业又可分为两大部门和四个层次，两大部门是指流通部门和服务部门，四个层次是：

第一层次，流通业（包括交通运输业、邮电通信业、商业饮食业、物资供销和仓储业）；

第二层次，为生产和生活服务的各个产业（包括金融保险业、地质普查业、房地产业、公用事业、居民服务业、旅游业、咨询信息服务业和各类技术服务业）；

第三层次，为提高科学文化水平和居民素质服务的部门（包括教育文化广播电视业、科学研究事业、卫生体育和社会福利业等）；

第四层次，为社会公共需要服务的部门（包括国家机关、政党机关、社会团体及军队警察等）。

这样，在我国三次产业分类中，房地产业属于第三产业的第二层次。与以上两种分类方法相比，国际标准产业分类法更为重要。

2.1.3 产业分类的标准：国际标准产业分类体系

联合国于1945年10月24日正式成立。1948年夏，为了改变因世界各国的产业分类标准不统一而无法汇总、比较各国数据的境况，隶属于联合国经济及社会理事会的联合国经济和社会事务统计委员会制定并颁布了《全部经济活动国际标准产业分类》（International Standard Industrial Classification of All Economic Activities，ISIC），简称《国际标准产业分类》，这份文件将国民经济划分为10个门类，对每个门类再划分大类、中类、小类，建议各国要么选用该分类体系作为本国的标准，要么重新调整本国的统计数据使它与该分类体系保持一致，从而使其具有国际可比性。此后，联合国根据世界各国的产业发展进程，分别在1958年、1968年、1989年和2008年对《国际标准产业分类》进行过四次修订。

《国际标准产业分类》的基础实质上还是三次产业划分理论，与三次产业分类法一直保持着内在的稳定联系。三次产业分类法是在总结社会经济发展以及产业结构变化规律的基础上建立起来的，具有很强的概括性和抽象性，易于把握产业经济发展的总体趋势，但这种分类方法对社会生产过程的描述过于笼统和抽象。而标准产业分类法则将全部经济活动分成若干大项，每个大项下分成若干中项，中项下分若干小项，小项下再分若干细项，无论大、中、小、细项，都有规定的代码。

《国际标准产业分类》提供了一个基本的产业分类标准，世界各国或者联合经济体则参照联合国的标准产业分类体系制定了相应的产业分类方法。典型的如欧共体经济活动分类体系（NACE）、非洲统计组织（AFRISTAT）成员国的经济活动统计分类体系、北美产业分类体系（NAICS）、澳洲标准产业体系（ANZSIC）、《日本标准产业分类》以及美国、加拿大、墨西哥的《北美产业分类体系》和中国的《国民经济产业分类与代码》等。

经过四次修订，《国际标准产业分类》的变化是非常大的，这从表2.1和表2.2的对比中可以看得非常明显，科技发展日新月异，社会分工日益精细，新的产业层出不穷，产业分类标准也在发生着巨大变化。但房地产业作为国民经济中的基础产业却是一直存在的，在国际标准产业分类体系中占有重要地位。

第2章 房地产业：产业分类与衡量指标

表2.1　　　　1968年版国际标准产业分类（ISIC Rev.2）

序号	代码	产业分类（大项名称）
1	A	农林牧渔业
2	B	矿业和采石业
3	C	制造业
4	D	电力、煤气、供水业
5	E	建筑业
6	F	批发与零售业、餐饮与旅馆业
7	G	运输业、仓储业和邮电通信业
8	H	金融业、房地产业、保险业及商业性服务业
9	I	公共、社会和个人服务业
10	J	其他

表2.2　　　　2008年版国际标准产业分类（ISIC Rev.4）

序号	代码	产业分类
1	A	农业、林业和渔业
2	B	采矿和采掘
3	C	制造业
4	D	电、煤气、蒸气和空调供应
5	E	供水，污水处理、废物管理和补救活动
6	F	建筑业
7	G	批发和零售贸易，机动车辆和摩托车的修理
8	H	运输和储存
9	I	食宿服务活动
10	J	信息和通信
11	K	金融和保险活动
12	L	房地产活动
13	M	专业和科技活动
14	N	行政和支助服务活动
15	O	公共行政和国防，强制性社会保障
16	P	教育
17	Q	人体健康和社会工作活动
18	R	艺术、娱乐和文娱活动
19	S	其他服务活动
20	T	家庭作为雇主的活动，家庭自用、未加区分的生产货物及服务的活动
21	U	域外组织和机构的活动

标准产业分类法是产业管理中关于产业分类的基本方法，根据这一分类统计的社会活动数据资料，政府产业管理部门不仅可以完整准确地掌握和分析产业规模、产业结构、产业组成、产业经济发展趋势等方面的实际状况，而且可以运用这些数据资料建立产业投入产出分析表，全面了解某一产业经济发展的各种影响因素，预测该产业对国民经济发展的影响程度，从而制定产业规划与产业政策，促进各产业协调发展[①]。

1984年12月，我国参照联合国的《国际标准产业分类》颁布了《国民经济产业分类和代码》国家标准，并分别于1994年、2002年和2011年进行了三次修订。

目前我国采用的依然是2011年由国家统计局起草，国家质量监督检验检疫总局、国家标准化管理委员会批准发布，并于2011年11月1日实施的标准产业分类方案（GB/T 4754-2011）。该方案对原来的产业分类进行较大幅度的调整，仍将社会经济活动分为门类、大类、中类和小类四级，将原来的16个门类扩展到20个门类，大类、中类和小类数量也都大大增加。具体见表2.3。

表2.3　　　　2011年国民经济产业分类（GB/4754-2011）[②]　　　单位：个

门类	门类名称	门类中包含大类数	中类数	小类数
A	农、林、牧、渔业	5	17	38
B	采矿业	7	19	37
C	制造业	31	167	553
D	电力、热力、燃气及水的生产和供应业	3	7	12
E	建筑业	4	14	21
F	批发和零售业	2	9	57
G	交通运输、仓储和邮政业	8	20	40

---

① 见李贤沛、张冀湘：《产业经济管理学》，湖南人民出版社1988年版，第70页。
② 《国民经济产业分类》国家标准于1984年首次发布，分别于1994年和2002年进行修订，2011年第三次修订。该标准（GB/T 4754-2011）由国家统计局起草，国家质量监督检验检疫总局、国家标准化管理委员会批准发布，并于2011年11月1日实施。此次修订除参照2008年联合国新修订的《国际标准产业分类》修订四版（简称ISIC4）外，主要依据我国近年来经济发展状况和趋势，对门类、大类、中类、小类作了调整和修改。

第 2 章 房地产业：产业分类与衡量指标

续表

门类	门类名称	门类中包含大类数	中类数	小类数
H	住宿和餐饮业	2	7	12
I	信息传输、软件和信息技术服务业	3	12	15
J	金融业	3	12	19
K	房地产业	1	5	5
L	租赁和商务服务业	2	8	26
M	科学研究和技术服务业	3	10	25
N	水利、环境和公共设施管理业	3	12	20
O	居民服务、修理和其他服务业	3	14	21
P	教育	1	6	17
Q	卫生和社会工作	2	10	23
R	文化、体育和娱乐业	4	16	22
S	公共管理、社会保障和社会组织	5	12	23
T	国际组织	1	1	1

2.1.4 产业分类中房地产业

在研究房地产业宏观调控和产业定位的过程中，之所以要梳理、研究国民经济中的产业分类，是因为无论房地产业的宏观调控还是房地产业的产业定位，都必须从房地产业在国民经济中的地位和与相关产业的关系着手。房地产业是整个国民经济体系中的重要一环，并对众多产业有着各种各样的影响，政府对房地产业的宏观调控和变更房地产业在国民经济中的地位以及学术界对房地产业行业的讨论都将以此为立足点和出发点。

学者们很早就意识到研究一个产业在国民经济中的地位以及该产业与其他产业相关关系的重要性。比如，早在 20 世纪 50 年代，美国经济学家钱纳里等就曾用美国、日本、挪威、意大利等国的数据从产业关联效应角度研究了产业结构，并按产业关联特性对产业进行了分类（Chenery, Watanabe, 1958），这成为研究产业结构和产业特性的理论基础之一。再比如，美国经济学家罗斯托也于 20 世纪 50 年代提出经济成长主导产业理论，并成为后来研究产业带动效应的理论基石。罗斯托认为，主导产业有三个基本规定性：（1）能有效吸收新技术。（2）本身有较高的经济增长率。（3）能带动其他产业的增长，这一扩散性影响有三种：后向影响，指对那些向自己提供生产资料的产业的影响；前向影响，指对新工业、新技术、新原料、新能源等的诱导作用；旁侧效应，指对区域的影响。该理论被应用到各个研究领域，其中包括房地产业。

房地产业是一些发达国家如美国、日本的主要产业之一。在美国，住宅与汽车、钢铁一起长期被称为三大支柱产业，特别是住宅业又被称为"永久的产业"。美国2/3的有形资产是房地产，国民生产总值的10%~15%与房地产有关。日本房地产业和建筑业销售额占各产业销售总额的3%以上，超过钢铁工业，住宅房地产的附加价值占国民生产总值的4%左右，财政收入的20%左右与住宅房地产直接相关。

关于房地产业对其他产业的带动作用，国外也有专门的研究。日本是成功运用产业政策调整经济的国家，对产业的带动效应研究颇多。不过，日本主要关注的对象不是房地产业，而是与其接近的住宅业。日本于1968年由通产省首次提出"住宅产业"的概念，此后对住宅产业的现代化、产业化进行了重点研究。日本有关机构的研究显示，1995年，其住宅投资规模为25亿日元，由住宅建设推动钢铁、水泥、铅、造纸产业发展，加上住宅建成后，带动家电、家具等产业增长，总经济带动效果达50亿日元，2倍于自身的规模（顾云昌，1997）。此后，日本利用1990年投入产出表测算得出，住宅建设投资为26.592万亿日元，该投资所诱发的各产业国内生产总值之和为52.15万亿日元，住宅建筑业的生产诱发系数为1.961，影响力系数为1.0018，感应度系数为0.507；房地产业的生产诱发系数为1.259，影响力系数为0.6684，感应度系数为0.8627。

世界银行曾从住房建设投资角度分析了房地产业的带动效应，每增加100亿元住房建设投资，将创造170亿~220亿元的需求，每销售100亿元的住房，将带动130亿~150亿元的其他商品销售，需求带动系数较大，两项合计，按保守估计，需求带动系数为3。

以住宅为主的房地产交易、服务和房地产贷款对推动金融业的发展具有重要作用。美国住宅金融十分活跃，抵押贷款占商业银行贷款业务量的1/4以上，住宅抵押贷款又占抵押贷款的90%左右。美国金融、保险、房地产

第2章 房地产业：产业分类与衡量指标

业总产值之和占国民收入的比重，1980年为18.7%，1990年为17.7%。其中仅个人住宅一项所占比重，1980年和1990年分别为8.8%和8.1%，大约占金融、保险、房地产业总产值的47%和45.7%。住宅产业占第三产业总值的比重，1980年为18%，1990年为15.6%。2014年美国不动产业的总值为24.6万亿美元，占全部资产的28.8%。[①]

我国房地产业在改革开放之后逐渐发展起来。早在1985年，房地产业在国民经济中就已有了比较明确的界定和定位，1994年之后我国产业分类与产业发展同国际标准产业分类（ISIC）逐渐靠拢。在1985年实施的《国民经济产业分类与代码》中，房地产业与公用事业、居民服务和咨询服务业合并统计，在1994年5月实施的新修订《国民经济产业分类与代码》方案中，房地产业作为一个独立的门类出现，被列为第10门类。

在统计上，房地产业主要包括房地产开发经营、物业管理、房地产中介服务以及自有房地产经营活动，这种统计口径与国际惯例基本一致。具体见表2.4。

表2.4　　2011年国民经济产业分类中房地产业的分类

门类	门类名称及代码	大类代码	中类代码	名称	内容
K	房地产业70	701	7010	房地产开发经营	指房地产开发企业进行的房屋、基础设施建设等开发，以及转让房地产开发项目或者销售、出租房屋等活动
		702	7020	物业管理	指物业服务企业按照合同约定，对房屋及配套的设施设备和相关场地进行维修、养护、管理，维护环境卫生和相关秩序的活动
		703	7030	房地产中介服务	指房地产咨询、房地产价格评估、房地产经纪等活动
		704	7040	自有房地产经营活动	指除房地产开发商、房地产中介、物业公司以外的单位和居民住户对自有房地产（土地、住房、生产经营用房和办公用房）的买卖和以营利为目的的租赁活动，以及房地产管理部门和企事业、机关提供的非营利租赁服务，还包括居民居住自有住房所形成的住房服务
		709	7090	其他房地产业	

---

① 中国社会科学院：《世界经济年鉴》，经济科学出版社2016年版。

从理论界和政府宏观决策的角度来看，目前对于房地产业的研究仍然处于比较初级的阶段，特别是从宏观层面上和从产业的高度来研究房地产业比较模糊和零乱，观点颇多，且不成体系，也没有足够的技术和数据支持，缺乏说服力。

关于房地产业的概念界定和范围划分，目前国内有多种观点，大体可分为广义和狭义两种，广义的房地产业包括建筑业的一部分，即住房建设；狭义的房地产业不包括建筑业，仅指流通和服务领域内的房地产业经济活动。更为普遍的情况是，理论界和政府决策部门常常不仅没有关于房地产业严格的概念界定和范围划定，而且还与几个相关的概念混淆，如住宅业、建筑业等。因此，关于房地产业的研究结果就会因研究问题的不同而有不同的估算范围和结论。

不过，在实际统计工作中，由于受传统计划经济模式的影响，加之现行统计处理方法有待进一步完善，致使房地产业统计值难以全面反映房地产业发展的实际情况，例如，按低租金公房的营业性收入计算房地产业的总产出、部分住房二级市场如私房出租没有准确统计、物业管理未进入统计之中等，这种状况造成房地产业增加值的低估，从而导致房地产业在宏观经济中的作用被低估。

此外，房地产业还可为社会提供大量的就业机会。在美国房地产业就业的人员数量很大，1991年金融、保险、房地产业从业人员有664.6万人，1992年为657.1万人，其中近1/2属于房地产业的雇员，住宅建筑和房地产业直接提供的就业机会约占全美劳动者总数的1/10。在韩国、巴基斯坦、印度和墨西哥等国家，房地产业每投资1万美元可为社会提供14个就业岗位（谢经荣，1999）。

综上所述，房地产业以其产业链长、对其他产业带动作用明显而成为各个国家的重要产业。有的国家将房地产业列为本国经济中的支柱产业，并作为经济宏观调控的抓手。

2.1.5 房地产业的地位

虽然人们都认可房地产业的重要程度，但关于房地产业在我国国民经济

第2章 房地产业：产业分类与衡量指标

中的地位和作用的认识却并不统一，而且也经历了多次反复。比如，在我国的国民经济中，房地产业先后被定义为"支柱产业"、"经济增长点"、"基础产业"、"主导产业"，这些表述和观点清晰地说明了人们认识房地产业在国民经济中的作用的明显差异，同时也勾勒出了主流观点随时间而变迁的轨迹。

实际上，房地产业的产业定位和宏观调控是一个研究已久但一直激烈争议至今的问题。20世纪80年代末90年代初，随着城市土地使用制度改革和城镇住房制度改革的继续深化，房地产业得到了空前的发展，90年代初，建设部提出将房地产业作为国民经济支柱产业，1992～1993年房地产热出现后，在全国引起关于房地产业地位的讨论，房地产业的支柱性地位被否定（刘维新，1994）。1993～1996年，在我国加强宏观经济调控、实现经济"软着陆"期间，经济增长率开始连续缓慢下滑，在这样的宏观经济背景下，1996年中央经济工作会议上提出将住宅建设培育成为国民经济新的经济增长点，希望通过住宅业的发展促进经济的恢复和增长。与此同时，理论界对于房地产业地位的认识产生了变化，房地产业应定义为支柱产业的呼声开始增强（祁兆珍，1996）。1998年3月19日，当时的国务院总理朱镕基在九届人大一次会议举行的记者招待会上，明确强调住宅建设要成为新的经济增长点，之后，住宅业得到了国家的重点支持和发展。在1999年11月召开的全国经济工作会议上，决定2000年仍将房地产业作为拉动经济增长的主要产业来抓。此后，实践中的房地产业得到了更快的发展，但理论界关于房地产业在国民经济中的地位出现了不同的认识。一种观点认为，房地产业在国民经济中具有先导性和基础性，但这不等于主导性和支柱性，不能过分看重房地产业的贡献和作用，应从可持续发展角度适度优先发展房地产业，而不应超速发展（胡乃武、董藩，2000）。另一种观点认为，我国住宅业的发展水平已经超越了经济增长点阶段，正处于从"经济增长点"向"支柱产业"过渡的后期阶段（武少俊，2000）。还有人认为，住宅产业应当成为我国的主导产业，因为住宅产业已符合主导产业的三个基本特征：产业本身增长率较高、能有效带动其他产业的发展、能吸纳新技术（姚长辉，

2001）。2003年的《国务院关于促进房地产市场持续健康发展的通知》中指出："房地产业关联度高、带动力强，已经成为国民经济的支柱产业。"此后，全国各地均把房地产业作为支柱产业发展。

20世纪90年代以来，我国的房地产市场历经多次跳跃式发展和大规模调控，一直立于社会经济发展和改革的风口浪尖。尤其是2008年以来，房价阶段性的爆发式增长夹杂着重手调控下的市场波动，不但对众多相关产业和宏观经济造成冲击，也影响着亿万人民的生活和社会稳定。

房地产业的平稳健康发展已经成为关系到我国社会经济发展的一个全局性问题，正确把握房地产市场调控目标和调控方式、力度和节奏十分重要。在对房地产业的调控过程中，有一个根本性的问题亟待从理论和实践上给予明确，即房地产业与国民经济到底是什么关系，房地产业是否是国民经济的支柱产业，如果是支柱产业，是不是一定意味着价格高位运行、发展过热直至泡沫（其他支柱产业并没有出现如此严重的问题）；或者，如果要稳定房地产业价格，宏观调控时就必须取消其支柱产业定位吗？因此，从社会经济角度全面客观地分析房地产业的产业定位及其与房地产业发展过热和萎缩的因果关系问题，可以明确目前房地产业过热或萎缩是由于把房地产业定位为支柱产业的理论原因所致，还是因房地产业与金融业等产业相关密切、金融业过度支持房地产业等实践运作问题所致，这些问题对于稳定发展房地产业、明确房地产业的调控方向具有重要的理论意义和现实意义。

2008年以来，房地产业调控效果的不佳再次引发各界关于房地产业地位的激烈争论。在政界高层决策部门，时任银监会主席刘明康2010年在博鳌论坛和凤凰卫视上都明确表示，房地产是支柱产业，但应健康发展；国家统计局总经济师姚景源2010年1月在中国经济网接受访谈时说，"房地产作为我国整个经济重要的支柱产业一点也不能动摇"；海南省委书记卫留成2010年多次强调，未来30年，房地产业都将是海南的支柱产业之一，海南省的"十二五"规划"将继续巩固房地产业在经济发展中的重要支柱产业地位"；海南省委常委、常务副省长蒋定之2011年7月再次强调房地产业作为海南省支柱产业的政策不会发生变化；而国土资源部副部长贠小苏2010

第2章 房地产业：产业分类与衡量指标

年12月在加强房地产的用地管理和调控视频会议上明确提出，房地产不应成为支柱产业；全国人大财经委副主任委员贺铿在接受《中国企业家》采访时表示，不赞同把房地产作为支柱产业；全国人大财经委副主任吴晓灵则表示，不能把房地产市场只当做经济支柱来做，而应该满足人民的生活文化需求。2013年2月，银监会主席刘明康在接受采访时再次强调，房地产是支柱产业，但应健康发展。2013年4月1日，针对国家发改委副主任朱之鑫"文件没有称过房地产业是支柱产业"的说法，住房和城乡建设部政策研究中心主任陈淮再次强调，在城镇化进程加速背景下，未来20年内，房地产行业仍将是我国国民经济的支柱产业。[①]

商界关于房地产地位的观点几乎成一边倒的态势，认为房地产具有毋庸置疑的支柱地位。房地产是居民财富的主要载体。从全球角度看，地产占人类财富比重超过50%。2010年，美国家庭拥有的自用住宅财富占家庭非金融资产财富的47.4%，是名副其实的居民财富第一大项。

学界对于房地产业在国民经济中的地位和作用如何、房地产业是否应作为国民经济的主导产业发展一直是一个研究热点并存有争议。一部分学者认为，房地产业是一个集资金、技术与劳动力为一体的产业，具有产业链长、波及面广、创造就业能力强等特点，在国民经济中具有基础性和先导性作用，对于改善消费结构、改善人居环境、优化房地产资源配置、促进房地产业和国民经济的可持续发展十分重要，因而可作为国民经济重要的支柱性、主导性产业。另一部分学者则认为，在国民经济中起支柱作用的应当是建筑业而非房地产业，尽管实践中房地产业发展迅猛且成效显著，但这纯粹是靠政府扶持的快速增长，且这种快速甚至一度是过热的增长态势又是以严重耗费土地、资金等珍贵资源为代价的，行业增长方式过于粗放，因此，难以肩负支柱产业之大任。

易宪容认为房地产业可以作为城市经济的支柱产业，但不能成为赚钱、炒作的工具（易宪容，2009）；郎咸平认为，没有哪一个大国敢把房地产业

---

① 《住建部专家陈淮：房地产行业20年内仍是支柱产业》，载《北京日报》2013年4月1日。

当做支柱产业，把房地产业当做支柱产业是错误的（郎咸平，2010）；葛云认为，质疑房地产支柱产业地位缺乏意义，很多发达国家也都基本经历过把房地产业作为支柱产业拉动经济增长的阶段，房地产业的起伏兴衰是一个自然的过程（葛云，2006）；向为民根据支柱产业的评价指标对房地产业的产业需求收入弹性、吸纳的就业人数、影响力系数和感应系数进行了数量分析，认为房地产业达到了支柱产业的标准（向为民，2008）；魏润卿通过国际比较得出了"房地产业作为支柱产业是可持续的"的结论（魏润卿，2008）；胡志刚则认为，房地产业应由经济支柱转换为社会民生支柱（胡志刚，2010）。吕品和郑莉锋利用浙江省数据测算了房地产业的关联效应和波及效应，认为目前房地产业已经不是浙江省的支柱产业（吕品、郑莉锋，2012）。综上所述，目前的研究以定性居多，缺乏系统、深入、针对性强的量化分析。

2.2 房地产业的衡量指标

指标是衡量目标的单位或方法，是一个反映总体现象数量特征的概念。一个具体的指标一般由指标名称和指标数值两部分组成，它体现了事物质的规定性和量的规定性两个方面的特点。一个指标构成要素至少应该有：指标名称、指标所属时间与空间、指标的数值和计量单位以及计量方法等五个要素[①]。因此，房地产业指标是指采用一定的方法用来反映一定时间、空间及条件下房地产业发展状况的某一方面或整体经济活动数量特征的基本标志。

房地产业指标的构成要素主要有：（1）房地产业指标的名称，比如宏观指标中的住房空置率、房价收入比和微观指标中的房地产投资、房地产价格等，这些指标要有一定的规范性和具体而确切的含义；（2）房地产业指标所属的时间和空间，如一定时期内的房地产投资总额和一定地域内的房屋

[①] 文杰：《试探统计指标如何定义》，载《中国统计》1998年第8期。

第2章 房地产业：产业分类与衡量指标

空置率等；（3）房地产业指标的计量单位，比如以套或平方米为单位的商品房销售面积，以元为单位的房地产销售额等；（4）房地产业指标的数值，根据房地产业指标质的规范性和量的规定性，经过实际调查和数据处理，房地产业指标取得的时间、具体空间和实际数值[①]；（5）房地产业指标的计量方法。

2.2.1 投资生产类指标

房地产业投资是房地产业发展的基础，是反映房地产市场发展状况最重要的指标之一。以下几个指标是反映房地产投资的主要指标。

（1）房地产开发投资额。按照国家统计局的定义，房地产开发投资额是以货币形式表现的房地产开发企业（单位）在一定时期内进行房屋建设及土地开发所完成的工作量及有关费用的总称。房地产开发投资额是完成的实物量指标，一般以形成工程实体为准。只是发生财务收支或没有用于工程实体的材料和未安装的设备，都不能计算投资完成额。

房地产开发投资额原则上以市场交易价格作为计算依据。在实际工作中，一般以工程的预算价格计算投资额，但在预算价格之外发生的工程价差、量差，应视同修改预算价格，投资完成额按修改后的预算价格计算。实行招标投标的工程，按中标价格计算投资完成额。房地产开发投资包括房屋开发投资和土地开发投资，以及应分摊计入投资的各项费用。

与宏观经济的其他指标进行比较，衍生出的主要指标有：

其一，房地产投资占全社会固定资产投资的比重[②]。在发达国家，一般认为该指标的合理区间为18%～25%。而我国房地产产业作为国民经济的

[①] 杨文武：《中国房地产业指标体系研究》，四川出版社2008年版。
[②] 该指标直接反映房地产投资在全社会固定资产投资中的比例，可以用来评价全社会固定资产投资结构的合理性比如房地产投资是否存在过度或者不足。全社会固定资产投资主要包括基本建设、更新改造和房地产投资等。一般认为，若全社会固定资产投资中房地产业投资比重过高，则会挤出对其他产业的投资，使得基础建设以及更新改造的资金减少，经济发展将不协调，生活配套设施等不全，因而出现投资结构性问题。

房地产业：宏观调控与产业定位

支柱产业，该指标在30%以上视为有泡沫[①]。

2015年，全国房地产开发投资95979亿元，比2014年名义增长1.0%（扣除价格因素实际增长2.8%）。其中，住宅投资64595亿元，增长0.4%，增速回落0.3个百分点。住宅投资占房地产开发投资的比重为67.3%。具体见图2.1。

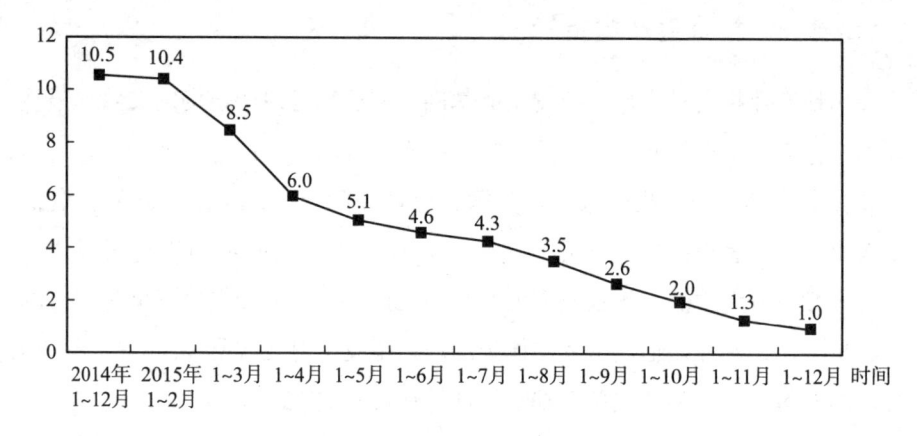

图2.1　2014～2015年房地产开发投资总额增速

其二，房地产开发投资额占GDP比重。该指标同样可以测度一个国家或地区是否存在房地产过度投资。根据典型国家房地产泡沫经验，一般情况下，房地产开发投资额占GDP比重在10%以内属于合理范围；10%～15%属于泡沫预警；15%以上预示着房地产开发投资过热[②]。当然，这一数据仅有参照意义，而非绝对数字，不同的经济发展水平下这一指标应有很大的差别。

世界银行曾针对住房投资在GDP中所占比重与经济发展水平的关系，利用全球近40个国家的数据进行分析，研究结果表明，住房建设投资在GDP中所占比重与经济发展水平之间呈现倒U型关系。当人均GDP只有1000美元左右时，住房对国民经济的影响较微弱，这时住房投资占GDP比

[①] 沈巍：《我国房地产泡沫测度指标的构建与分析》，载《价格理论与实践》2010年第10期。
[②] 邵华：《我国房地产市场泡沫性实证分析》，载《商业时代》2007年第6期。

第2章 房地产业：产业分类与衡量指标

重大致在2%；人均GDP达到8000美元左右时，房地产业处于快速发展，住房投资在GDP中所占比重达到峰值，位于8%左右；当经济发展水平得到更进一步发展而进入更高层次时，住房对经济增长的拉动作用呈现下降趋势，这时住宅投资占GDP比重跌至3%~5%之间。

比较典型的例子是韩国和日本。韩国在1993年人均GDP达到8000美元左右的经济发展水平时，住房投资占GDP比重达到峰值8.9%。这一阶段，韩国完成城镇化快速进程，城镇化率为76%；而对日本1960~2005年住房建设投资与经济发展水平的统计分析表明，日本住房建设投资与GDP之比在1973年达到峰值9.1%，当时，日本的人均GDP水平在8000美元左右，城镇化率约为73%[1]。

（2）房屋施工面积。房屋施工面积指房地产开发企业报告期内施工的全部房屋建筑面积。包括本期新开工的面积、上期跨入本期继续施工的房屋面积、上期停缓建在本期恢复施工的房屋面积、本期竣工的房屋面积以及本期施工后又停缓建的房屋面积。多层建筑物的施工面积指各层建筑面积之和。

2015年，我国房地产开发企业房屋施工面积735693万平方米，比2014年增长1.3%。其中，住宅施工面积511570万平方米，下降0.7%。

（3）房屋新开工面积。房屋新开工面积指房地产开发企业报告期内新开工建设的房屋面积，以单位工程为核算对象。不包括在上期开工跨入报告期继续施工的房屋建筑面积和上期停缓建而在本期复工的建筑面积。房屋的开工以房屋正式开始破土刨槽（地基处理或打永久桩）的日期为准。房屋新开工面积指整栋房屋的全部建筑面积，不能分割计算。

2015年，我国房屋新开工面积154454万平方米，下降14.0%，降幅收窄0.7个百分点。其中，住宅新开工面积106651万平方米，下降14.6%。

（4）房屋竣工面积。房屋竣工面积指报告期内房屋建筑按照设计要求已全部完工，达到住人和使用条件，经验收鉴定合格或达到竣工验收标准，可正式移交使用的各栋房屋建筑面积的总和。

---

[1] 《我国城镇住宅建设投资发展趋势》，载《建筑时报》2013年7月23日。

2015年，我国房屋竣工面积100039万平方米，下降6.9%，降幅扩大3.4个百分点。其中，住宅竣工面积73777万平方米，下降8.8%。

（5）土地购置面积。土地购置面积指房地产开发企业在本年内通过各种方式获得土地使用权的土地面积。2015年，我国房地产开发企业土地购置面积22811万平方米，比2014年下降31.7%，降幅比1~11月份收窄1.4个百分点。具体见图2.2。

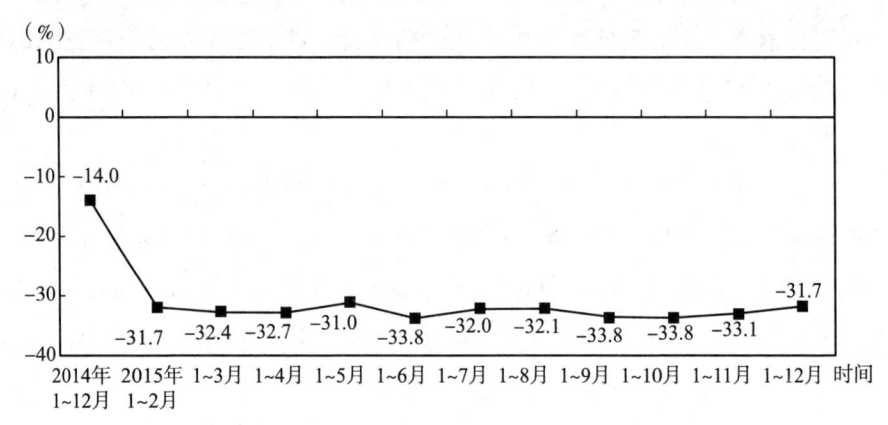

图2.2 2014~2015年房地产开发土地购置面积增速

2.2.2 交易消费类指标

（1）土地成交价款。土地成交价款指房地产开发企业进行土地使用权交易活动的最终金额。在土地一级市场是指土地最后的划拨款、"招拍挂"价格和出让价款；在土地二级市场是指土地转让、出租、抵押等最后确定的合同价款。土地成交价款与土地购置面积同口径，可以计算土地的平均购置价格。

2015年，我国土地成交价款7622亿元，下降23.9%，降幅收窄2.1个百分点。

（2）房价收入比。房价收入比是指住房总价与居民家庭年收入的比值。该指标可以判断房地产价格的合理性，并评判该房价下居民住房消费需求的可持续性。该指标比值越高，则居民对该房价的支付能力和承受能力就越差。一般而言，房价收入比为3～6倍属于正常范围。

房价收入比的计算方法不同，得出的指标值也大相径庭。联合国人类住宅中心所颁布的《城市指标指南》中的房价收入比是指居住单元的房屋市场价格的中位数和家庭收入中位数的比值。

为了证明中国超高的房价收入比是正常的，国内学者将新房旧房价格的差异、自由住房出售价格和市场平均价格的差异等因素考虑进来，但计算出来的结果也都超出国际平均水平，尤其是在北京、上海、广州、深圳这样的一线大城市，房价收入比已经远远超出国际同类大城市的水平。

（3）房屋空置率。房屋空置率指的是在某一时刻空置房屋的总面积占所有房屋总面积的比率。该指标可以作为市场供给与需求的风向标，判断供需结构是否协调。通常认为，房屋空置率过高，则说明市场上供给偏多，存在着不合理或者说非理性的投机性房屋投资。按照国际通行惯例，商品房空置率的合理区在5%～10%之间，这时商品房的供求关系是平衡的，是有利于国民经济健康发展的；而当空置率在20%以上时，则商品房存在严重的积压；在10%～20%之间的空置率则是处于空置危险地带，需要采取措施促进商品房的合理需求销售以及供需结构的调整。

房屋空置率在国际上是一个经常用来判断房地产市场发展状况的指标，但在中国，房屋空置率虽是社会层面比较关注的一个问题，但其统计方法与国际指标却有很大的不一致。比如，有人通常是以晚上观察楼盘亮灯多少的方式或者依靠物业管理公司的入住率等数据来判断房屋空置率。然而，这些计算方法都有一定的缺陷，有些家庭成员加班回来的时间很晚，亮灯的时间很短，所以很难被统计到；还有些家庭晚上喜欢用不透光的窗帘或者把灯开得很暗，也无法被统计进来；而有些家庭早已办理了入住手续，但实际上房屋内并没有人居住。

实际上，从目前的科技水平来看，房屋空置率最佳的计算方法是房屋水电的使用时间和使用数量。

（4）房屋租售比。房屋租售比是指每平方米的建筑面积月租金与售价的比值。该指标可以衡量某地区房地产市场运行是否合理，国际上用来衡量

房地产业：宏观调控与产业定位

某区域房地产运行状况良好的租售比一般界定为1：300至1：200。当租售比小于1：300时，房屋出租的投资价值大大减小，就会出现很多购房者买房后空置、等待房屋升值现象。

学者们一般认为，房屋租售比在中国并不太适用，一是数据来源不够充分，含有水分，不够权威；二是每个地区不同，租金不同，区位因素等在其中的影响力很难剥离出来。

（5）房地产价格增长率与GDP增长率之比。房地产价格增长率与GDP增长率之比主要用来测量房地产产业的发展速度相对国民经济增长速度的比较。该指标控制在一定范围内时，国民经济才能达到均衡的可持续发展。

当房价的增长速度显著高于GDP增长速度时，意味着房价的增长有可能超出国民经济的有效支撑，国民经济中依靠房地产价格虚增拉动过大，此外，虚高的房价还会吸引不理智的投资浪潮，空置率上升，进而更容易引发经济泡沫的形成和膨胀。一般认为，该指标值的合理范围为小于1；而1~2之间则说明处于泡沫预警状态；若达到2以上，则说明房地产发展过热。

邵华（2007）曾对我国整体房地产价格增长率与GDP增长率之比进行计算分析，其研究发现，2003年以前全国房价的增长速度远小于国民经济增长速度，2003年年底房地产价格开始一路攀升，2004年商品房销售价格涨幅与经济增长率之比达到0.92，接近1，但2005年又回到合理范围[1]。

对房地产发展的量化分析，不能从单一的指标角度进行分析。特别是在分析房地产业的发展水平、发展阶段及其与宏观经济之间和其他产业之间的关系时，房地产业的地位、寻找房地产业的宏观政策实施的理论依据都需要从房地产业的开发与投资、房地产交易与消费的多种指标分析入手。多种指标相互配合，才能反映房地产市场发展的全貌。

---

[1] 邵华：《我国房地产市场泡沫性实证分析》，载《商业时代》2007年第6期。

第 3 章

房地产业的发展环境与发展模式

作为国民经济的一个重要产业，房地产业的发展环境和发展模式是一个非常重要的议题。房地产业的发展环境决定着房地产业的发展模式，从而决定着房产业在国民经济中的地位和作用，也决定着房地产业与国民经济宏观调控之间的关系。

3.1 房地产业的发展环境

一个国家或地区房地产业的发展环境是由很多因素构成的，但最重要的因素至少包括经济环境、人口环境、政策环境和技术环境。

3.1.1 经济环境

国际国内的经济环境是房地产业发展的基本条件。当前世界经济形势动荡不安，发达国家经济增长乏力，金融市场呈现大幅波动，很多国家债务规模巨大，财政赤字不断攀升。整个世界的经济状况都处于巨大的不确定状态之中。

无论是以美国和欧洲国家为代表的发达经济体，还是以金砖五国为代表的新兴经济体，都面临着许多困难。但美国以其自由市场经济的制度优势、稳定的政治结构和领先的科技实力，其经济的缓慢复苏是大概率事件。2015年，美国的消费、投资、出口和房地产形势明显好转，失业率已降至5%以下，美国经济在全球经济中的优势地位在很长一段时间内都很难撼动。2015年欧元区和日本经济有所好转，但增速仍然缓慢，面临着很大的通缩压力，经济持续复苏仍面临不少制约，而新兴经济体则面临更多的困难。

2015年新兴经济体遭遇了较大的危机，在全球经济不振的局面下，受到以石油为代表的大宗商品价格均大幅下跌和地缘政治动荡等因素的影响，俄罗斯等经济结构高度依赖于原油、矿石等资源出口的国家遭受巨大的冲击，经济基本面的恶化程度导致了资本外流及货币贬值和通缩加剧，比如巴西雷亚尔的贬值幅度达到26%。美联储进入加息周期，资本从新兴经济体回流美国的趋势已经形成，新兴经济体重拾升势的过程面临着较大的难度。

中国经济跨入了"新常态"。2015年，中国国内生产总值（GDP）达67.67万亿元。仍是世界第二大经济体。但从趋势来看，以前两位数的经济增长已经不复存在，目前中国经济增长仍处于下行通道中，2015年的GDP增速约为6.9%。由于结构调整进展缓慢导致内生增长动力不足，而外需疲弱又使得传统的出口拉动型经济增长模式难以为继，经济增速普遍持续放缓，产能过剩问题严重、企业效益恶化、地方政府融资平台清理等实体经济的问题开始向金融领域传导。当前中国经济需要重点解决产能过剩与有效需求不足、杠杆率过高与潜在系统性风险过大、资源配置效率不高和经济增长质量不高等核心问题。

中国的房地产市场也随之进入了新常态。除了一线城市外，其他城市的房地产市场面临着巨大的库存压力，房地产去库存已经成为中央政府的一项单项任务。国家发改委经济研究所发布的报告《2015年经济形势分析与2016年展望》预测，2016年我国房地产投资可能降至零增长，其理由有三：一是当前的资金来源结构难以支撑房地产投资增长，虽然2015年1~11月房地产开发企业到位资金同比增长1.3%，增速连续多月提高，但从资金来源看，国内贷款、外资、自筹资金都连续多月负增长，仅有定金及预收款和个人按揭贷款正增长。二是房地产开发企业土地购置面积同比负增长，2015

年1~11月房地产开发企业土地购置面积同比下降33.1%。三是当前房地产市场景气度仍未全面恢复,当前房地产市场景气上行是结构性上行而非整体上行。从区域看,一、二线城市景气上行更多,三、四线城市低迷。从房屋购买结构看,改善型住房景气度高,而刚需房和高端房类的景气度相对较低,2015年10月以来房地产销售增速已经出现下降。

经济因素决定着房地产业长期的发展趋势,而对短期波动产生最重要影响的则是政策因素。

3.1.2 人口环境

房地产业是人为的产业也是为人的产业,没有人房地产业就无从谈起,因此,预测房地产市场的长期发展趋势,人口环境是最核心的因素之一。随着社会经济的发展,人们生育观念的变化,特别是30多年来计划生育政策的实施,中国已经进入世界上总和生育率[①]最低的国家行列,日益明显的劳动力短缺和重度人口老化,促进了人口生育政策的转型。单独二孩政策落实后人口出生率的增长远低于预期,促进了全面二孩政策的出台。2015年10月29日,党的十八届五中全会调整了我国的人口生育政策:促进人口均衡发展,坚持计划生育的基本国策,完善人口发展战略,全面实施一对夫妇可生育两个孩子政策,积极开展应对人口老龄化行动。我国人口生育政策终于发生了历史性转变(见图3.1)。

六普数据显示,我国0~14岁人口为2.22亿人,占16.60%,比2000年五普下降6.29个百分点;而60岁及以上人口为1.78亿人,占13.26%,比五普多2.93个百分点,严重的人口老龄化格局已经形成,且日益严峻。国家统计局发布的《2014年国民经济和社会发展统计公报》中的数据显示,

---

① 总和生育率(TFR)指假设妇女按照某一年的年龄别生育率度过育龄期,平均每个妇女在育龄期生育的孩子数。总和生育率将特定时点全体妇女的生育率综合起来,以一个数字来表示。虽然不精确(更精确些的是妇女的终身生育率),但人口总和生育率仍可简单直观地反映上一代和下一代人口数量的比例关系,即上一代的夫妻两人平均而言生育几个孩子。考虑到下一代早夭等因素,一个国家或地区的总和生育率达到2.1,才能保证下一代的人口数可以和上一代持平。多于2.1,人口会净增加;少于2.1,人口会净减少。

图3.1 1950~2014年我国总和生育率变动曲线

2014年中国13.67亿人口中，60岁及以上的老人2.12亿人，占总人口比例为15.5%；65岁及以上人口数为1.37亿人，占比为10.1%。老龄化不但导致整个社会养老压力增大，也导致劳动人口数量的短缺。2014年全国16~59周岁的劳动适龄人口总数为91583万人，比2013年减少了371万人，而如果剔除16岁以上的学生、60岁之前退休的人口，劳动力人口总数已经在8亿之内。我国劳动年龄人口绝对数量已经连续三年下降，而且未来数十年内这一趋势都不会改变，支撑我国经济快速发展的人力成本优势正在迅速消失。世界卫生组织预测，到2050年，中国将有35%的人口超过60岁，成为世界上老龄化最严重的国家。

国家统计局的数据显示，我国人口出生率从1987年的23.33‰下降到2013年的12.08‰，2013年全国实际人口自然增长率为4.92‰，更是大大低于1987年16.61‰的小高峰。

根据联合国秘书处的预测，中国60岁以上人口占比在2050年将高达31%以上，而65岁及以上的人口将会达23%以上。虽然中国的人口结构变化经历的时间接近其他国家的1/2，但转型过程开始之时中国的人均GDP大约只有发达国家的1/5[①]。

人口学者黄文政估算我国的出生人口数将在2017年达到高峰，峰值估

---

① 详细内容请参见联合国秘书处经济和社会事务司人口处：《世界人口展望》，2008年修订本。

计在 1750 万～2000 万（仅比 2015 年的 1655 万新增 95 万～345 万）。然后从 2018 年迅速开始大幅下滑。"十三五"期间平均每年出生人口预计将介于 1600 万～1850 万之间。

人口的减少决定着房地产需求的逐渐降低，从而构成了我国房地产业未来发展的基本人口环境。

3.1.3 政策环境

因为房地产业的重要性，关于房地产业的政策是比较多的。紧随房地产业的发展周期，每隔几年就有一些重大的产业政策出台。

我国对房地产的重要宏观调控点分别发生在 1993 年、1998 年、2003 年、2005 年、2008 年、2010 年、2014 年，与此相伴，众多的调控政策在相应的年度密集出台，其中最具有代表性的调控政策包括"国十六条"、"国八条"、"国六条"、"（新）国十条"、"23 号文件"、"18 号文件"、"央五条"等（见表 3.1）。作为国民经济中的重要产业，政府经常通过调控房地产市场来调控宏观经济，而且这种调整政策的出台非常频密。

表 3.1　　　　　　　　1993～2015 年我国房地产的重要政策

政策阶段	政策目标	主要政策
1993～1997 年：我国第一次对房地产业进行宏观调控	抑制海南和北海等城市的房地产泡沫，抑制通货膨胀和经济过热	"国 16 条"：1993 年，中共中央、国务院印发《关于当前经济情况和加强宏观调控的意见》，提出整顿金融秩序、加强宏观调控的 16 条政策措施；1994 年出台《关于深化城镇住房制度改革的决定》、《城市房地产管理法》和《住宅担保贷款管理试行办法》。
1998～2002 年：房改，促进住宅业成为新的经济增长点	1997 年亚洲金融危机后，为刺激消费、拉动内需，防止"通货紧缩"	"国 1998（23）号"文件：国务院颁布《国务院关于进一步深化城镇住房制度改革 加快住房建设的通知》，明确提出"促使住宅业成为新的经济增长点"，开始以取消福利分房为特征的中国住房制度改革。

续表

政策阶段	政策目标	主要政策
2003~2004年：控制房地产信贷，规范土地供给。确立房地产为国民经济支柱产业	抑制房地产市场过热、确立房地产为国民经济支柱产业	2003年中国人民银行下发《关于进一步加强房地产信贷业务管理的通知》，调整商业银行个人住房贷款政策，规定对购买高档商品房、别墅或第二套及以上商品房的借款人，适当提高首付款比例，不再执行优惠住房利率规定。2003年8月国务院出台《关于促进房地产市场持续健康发展的通知》，首次明确指出"房地产业关联度高，带动力强，已经成为国民经济的支柱产业"。
2005~2007年：稳定房地产价格	打击供给环节和消费环节的房地产炒作	"国八条"：2005年3月，国务院下发《关于切实稳定住房价格的通知》，提出抑制住房价格过快上涨的八项措施，建立政府负责制，将稳定住房价格提升到政治高度。同年4月，国务院常务会议提出"新国八条"——《当前加强房地产市场引导和调控要采取八项措施》出台，对"国八条"进一步细化、延伸。之后，国务院转发由建设部等七部委联合制定的房地产调控操作层面的细化方案。2006年"国六条"出台，九部委"十五条"出台，对"国六条"进一步细化。
2008~2011年：房地产综合整治并鼓励房地产发展	调控部分地区房地产价格过快上涨并暂时放松对房地产市场的紧缩性调控	下调贷款基准利率和住房公积金贷款利率；降低住房交易税费；增加商业性住房贷款利率下调幅度，加强对个人首次购买普通住房的金融支持；加大保障性住房建设规模，加快廉租住房租赁补贴范围，推进棚户区改造，增加供给。
2012~2013年：房地产行业治理	抑制房地产价格过快增长，在扩大市场有效供给的同时，减少市场有效需求，控制房地产投资，预防房地产价格出现报复性反弹	"国五条"：2013年2月国务院办公厅发布《关于继续做好房地产市场调控工作的通知》，提出完善稳定房价工作责任制；坚决抑制投机投资性购房，停止三套住房公积金贷款；增加普通商品住房及用地供应。加快保障性安居工程规划建设。供给方面的政策主要包括土地政策、预售制度完善、预售资金监管、土地增值税清算等；抑制需求的政策主要包括信贷政策、限购、限外、契税等。明确要求对房价过高、上涨过快、供应紧张的城市，要在一定时间内限定居民家庭购房套数，加大保障性住房建设和棚户区改造的力度。
2014~2015年：刺激市场需求，房地产业以去库存为核心的供给侧改革	在非一线城市房地产市场持续走弱之后，通过刺激需求优化供给，再次推动房地产市场的发展	多数城市放松甚至取消了限购政策，通过货币政策调整、户籍改革、棚户区改造等政策措施保障合理的购房需求，稳定住房消费。房地产市场开始以去库存为目标的供给侧改革。

以上政策仅代表了1993~2015年这一历史阶段政府房地产政策的大政

方针，而在这些大的政策基调下小的细节性的房地产政策则更为频密。比如，仅在2015年第四季度，中央政府出台的房地产政策就包括：中央经济工作会议首次将房地产问题列为单独任务，并将"化解房地产库存"作为中央政府的五个工作重点之一；国务院法制办公室公布了《住房公积金管理条例（修订送审稿）》公开征求意见的通知，以加强对住房公积金的管理，维护住房公积金所有者的合法权益，支持缴存职工解决住房问题；国务院住建部和财政部印发了《关于进一步发挥住宅专项维修资金在老旧小区和电梯更新改造中支持作用的通知》，明确了维修资金的使用范围和目标重点、细化应急使用制度、创新业主表决规则等方式等。

而整个2015年的房地产政策，从2015年年初的"330新政"到年末的去库存战略，行政手段、财政手段和金融手段综合应用，力求通过多项利好政策使房地产市场逐渐走出调整期，使经济增速放缓中的房价呈现出"止跌、反弹、趋稳"的格局。其具体的表现是，全国70个大中城市在连续15个月同比下跌后，2015年12月房价首次出现反弹，强化了看涨预期，为2016年及其以后几年的房地产业发展创造了政策环境。

3.1.4 技术环境

随着新技术的发展和产业化进程的加快，移动互联网、物联网、新型材料、生物工程、新生能源、3D打印、智能制造等新兴产业加速发展，而移动互联网、云计算、大数据等信息技术在金融、商贸、制造、教育、医疗、房地产等更多领域的普及应用和融合发展正在不断催生新业态、新模式和新产业，促进传统产业向科技为底色的现代产业和未来产业全面转型升级。

对我国的房地产业而言，在政府监管和宏观调控的层面，以互联网和物联网技术为代表的现代科技，使房地产业运行和交易的信息可以被完全观测到，从而政府可以通过税收等手段对房地产市场加以调控，房地产的信息公开和物业税的开征才具有了坚实的技术环境基础。房地产业的信息公开会彻底改变我国房地产业的开发和分配现状，也会对整个社会的经济、政治生态、社会文化产生广泛而深远的影响。

房地产行业和上下游企业的科技提升对房地产业的发展也有着同样深远的影响，住宅绿色低碳技术、节能环保技术、信息技术、新材料和新工艺加快了房地产业更新换代的步伐，房地产项目规划、房地产金融、图纸设计、建设施工、运维管理中的全程科技化将是未来房地产业提升品质和性能的发展主流。科技进步为我国房地产市场的监管、投资、建设、交易和消费提供了更为透明的技术环境。

3.2 房地产业的发展模式

不同的环境孕育了不同的房地产业发展模式，有的以市场配置资源为主导，有的以政府配置资源为主导，有的以政府和市场共同配置资源为主导。而不同的房地产业发展模式则决定了政府通过调控房地产市场调控整个宏观经济的可能性和可行性。

3.2.1 市场主导模式

对一个自发而成的市场经济体来说，市场主导型的房地产发展模式大多是一种自然而然的选择。在这种发展模式中，土地、技术、资本和人力等房地产资源的配置都是通过市场来实现的，市场的供求机制发挥作用，在投入和产出增多、供给超过市场需求的情况下，市场价格下降，从而降低各种资源所有者的投入动机，导致供给减少，市场价格回升；反之，投入和产出减少、供给小于市场需求的情况下，市场价格上升，增强各种资源所有者的投入动机，导致供给增加，市场价格下降。

按照市场经济理论，市场拥有最完备的信息，供给需求和价格发挥有效的调节作用，房地产市场实现出清，房地产市场存在着合理的周期，市场配置资源的手段在房地产业的发展中起着关键性的作用。美国是市场主导模式的典型国家，美国联邦或州政府只是通过拥有和行使土地使用权的终决权在一定程度上限制和管理土地私有权，并通过制定地产政策和房产管理法规，对地产的功能和利用做出原则性规定。私人拥有土地和房屋的产权，政府的作用是保护这些产权，并维持交易的公正性。而政府的作用及其所采取的管理措施，只是在一定程度上纠正由于市场失灵和市场机制的缺陷所产生的不良结果，使地产市场和房产市场机制更为完善。而对于合法的土地交易政府不会强行干预，通过价值规律和竞争规律来进行市场调解，因此，在美国房地产经纪人和房地产金融异常活跃。

3.2.2 政府主导模式

政府主导型的房地产业发展模式在世界各国并不常见，但以新加坡为代表的这种比较独特的模式却十分引人关注。

新加坡在第二次世界大战之后一段时期内经济凋敝、民生疾苦，住房也极其短缺。1959年，新加坡人口接近160万，而公有住房仅有4万单元，最多仅能容纳30万人，大多数人居住在贫民窟和棚户区内。英国房屋委员会1947年的报告甚至形容新加坡为"一个世界上最糟糕的贫民窟，是文明社会的耻辱"。

新加坡于20世纪60年代开始实施经济结构多元化改革，提出工业化政策，发展具有地缘优势的海运和国际贸易，并最终实现了经济腾飞和社会繁荣。

在住房建设方面，1959年摆脱殖民统治后的几个月内新加坡就设立了建屋发展局，并在联合国城市建设专家的协助下研究制定了"国家与城市"计划。1961年新加坡开始建造组屋[1]，利用政府的力量，用10年多的时间就通过组屋建设解决了人民的住宅短缺问题，至20世纪80年代中期，80%的新加坡居民居住在组屋之中，还有一些富裕阶层自费修建了私人宅邸，住房自有率接近90%，90年代实现了"居者有其屋"的国家理想。

---

[1] 新加坡的政府组屋和中国香港的"公屋"或中国内地的"廉租房"和"经济适用房"有很大的不同。组屋的房屋质量、维护保养、配套设施和物业管理等各个方面的水准远远高过"公屋"或中国内地的"廉租房"和"经济适用房"。新加坡组屋应该是介于豪华住宅和保障房之间的中等水平住宅，基本相当于甚至优于中国内地的"两限房"及"普通商品房"的档次。

新加坡的住房市场是以政府组屋为主、完全市场化的私人房地产为辅的二元体系。截至2015年，新加坡累计建设组屋100多万套，满足近80%新加坡人的居住需求。而由市场解决住宅需求的私有房产其价格极高，居于世界前列，是政府组屋价格的4倍。政府在新加坡房地产业的发展中起着绝对重要的作用，新加坡的住房模式堪称政府主导型房地产发展模式的典范。

3.2.3 公私合作（PPP）模式①

与市场主导模式和政府主导模式相比，市场与政府联合主导的房地产业发展模式，特别是近些年被很多国家广为推崇的公私合作（PPP）模式，则更为常见。

在房地产市场上，单靠市场进行调节是令人质疑的。政府对房地产业进行资源配置是必要的。

（1）作为房地产基础的土地不可再生，是一种稀缺不可替代资源。从宏观上说，城市土地的供给是个恒定的常量，随着其使用只能越来越少。而人口的增加、城镇化的推进、经济的发展，对土地需求越来越大。由于市场的盲目性、自发性等缺点，单靠市场机制配置城市土地不利于土地资源的可持续利用，这就需要政府对其进行干预。政府对土地资源配置的调控，既要保证土地利用的效用最优，又要避免供求失衡，还要保证国家土地收益。

（2）土地及土地产品具有公共物品的性质。公共物品的不可分割性制约了市场机制的作用。政府有责任在保证公共消费品不被垄断的同时，也不

---

① PPP模式最早是一种项目融资模式，即 Public – Private – Partnership 的字母缩写，被译为公私合伙或合营或者公私协力，是指政府与社会组织之间，以特许权协议为基础，为提供某种公共物品和服务，通过签署合同来明确双方的权利和义务，以确保合作的顺利完成，彼此之间形成一种伙伴式的合作关系，并最终使政府的责任得以履行，财政负担得以减轻，社会组织实现自己的经营目标。目前关于PPP的定义有广义和狭义之说，广义的PPP泛指公共部门与私人部门为提供公共产品或服务而建立的各种合作关系，一般划分为外包、特许经营和私有化三大类；而狭义的PPP可以理解为一系列项目融资模式的总称，包含 BOT、TOT、DBFO 等多种模式。管理学家 Peter F. Drucker 认为，政府必须面对一个事实，即政府的确不能做也不擅长社会或社区工作。从现代社会资源配置的角度来看，政府负责制定政策与规划，而将政策执行层面落实到民间社区或私营部门，不仅可以减轻政府的财政压力，还可以将社会力量引入公共服务领域，在提高资源利用效率的同时，强化公民意识与社会认同感。因此，在现代化社会的发展进程中，PPP模式越来越具有广泛的现实意义。

第3章 房地产业的发展环境与发展模式

出现"搭便车"的现象。最为典型的例子是廉租房和经济适用房的管理，政府既要防止有钱人进入经济适用房市场，也要保证廉租房真正是用来解决特困户的住房困难。这时政府的职能不是纯经济职能，而是社会功能。

(3) 土地产品（包括其上的建筑物、附着物等）生产周期和投资回收期长，生产者和消费者之间都存在严重的信息不对称，客观上要求政府采取措施来改变这种情况。

(4) 房地产市场并不能提供社会所需要的其产业所有相关服务，如法律和秩序、环境保护等。这就可能对整个产业及社会产生不利的影响，因而要求政府来引导。

对于我国来说，国情则有着特殊性。城市的土地所有权属于国家，仅有土地使用权可以入市流转，其流转方式是：第一，主要由国家通过出让的方式纵向流转到土地使用者从而形成土地一级市场；第二，土地使用权在使用者之间的横向流转，从而形成土地二级市场。其中，土地一级市场具有垄断性质，这为政府干预提供了依据。因为政府作为调控宏观经济的主体，有着反对垄断、保证市场正常运转的职责。

而从另一个侧面，单靠政府作为房地产业资源的配置者也不可能，即使是在新加坡，也有20%的房地产市场是通过市场来配置资源的。而从各国经济的发展趋势和产业发展倾向来看，政府和市场的合作才是主流。政府需要根据居民的消费层次，根据不同经济发展阶段的居民消费能力和市场对住宅需求的变化，建立一个秩序良好、高效运行的商品市场，同时要有一个满足低收入者住房需求的以政府为主导的廉租房或经济适用房的供给体系，并适时调整政策的侧重点，使房地产业在解决居民居住问题的同时也为整个社会经济的良性发展奠定物质基础。

第 4 章

产业定位与宏观调控：中国模式

20世纪90年代以来，我国的房地产市场历经多次跳跃式发展和大规模调控，一直立于社会经济发展和改革的风口浪尖。尤其是近十年来，各大城市房价的爆发式增长和深度调控下的市场萎缩、房地产企业的资金链崩断，政策影响下短期的爆发式增长和地区、城市之间的巨大落差，去库存政策执行中的急躁情绪和价格飞涨后限购政策的加码，都引起社会的广泛关注，不但对众多相关产业和宏观经济造成冲击，也影响着亿万人民的生活和社会稳定。

4.1 房地产业定位的理论与实证基础：支柱产业还是非支柱产业

若干年来，我国的房价居高不下，即使一段时间内有所下降，也会在很短的时间内重拾升势，北京、上海、广州、深圳等一线城市的价格已经超出大多数国际大都市的水平，并仍在以较高速度上涨。房价地价偏高、房地产过热总是招致社会各界的热议，在中国极具典型性和代表性，如何保证房地产业与国民经济的平稳发展意义重大。实际上，这其中有一个关键问题亟待从理论和实践上给予明确，即房地产业与国民经济到底是什么关系，房地产

第4章　产业定位与宏观调控：中国模式

业是否是国民经济的主导产业，如果是主导产业，是不是一定意味着价格高位运行、发展过热直至泡沫？本章将以此问题为核心，对我国房地产业的社会经济效应作深入的量化研究，以期对我国未来房地产业的正确定位和进一步发展及保障整体经济的健康稳定提供参考。

随着产业的不断分类细化，人们开始关注经济生产过程中各产业之间数量以及生产技术的关系，并对产业结构及其优化进行深入的研究，使国民经济各部门之间实现更加协调快速的发展。经济的健康稳定增长需要产业结构的合理化以及高效化的调整，因此，技术含量高、经济效益好、产业关联度大的产业，应给予大力扶持，优先发展，并拉动其他产业以及整个经济的增长与发展，支柱产业也由此产生。

20世纪80年代，我国对支柱产业开始讨论，但至今对支柱产业的定义还没有一个统一的定论。综合来说，支柱产业是指生产发展速度在国民经济中较快、对整个经济存在引导和推动作用的先导性产业。支柱产业连锁效应较强，能诱导新产业的崛起，并对为其提供生产资料的各产业、部门以及对所处地区的经济结构和发展变化，都有着深刻及广泛的影响力。

4.1.1　支柱产业选择的理论基准

（1）赫希曼基准。赫希曼基准也称为产业关联度基准，是由美国经济学家赫希曼在20世纪50年代中期提出。赫希曼基准认为，发展中国家政府应先发展那些产业关联度高、能带动和诱导较多产业生产的产业，以带动整个经济的发展；根据投入产出原理，进一步研究了产业间关联度与工业化关系，提出根据产业后向关联度确定支柱产业；提出应使用产品需求价格弹性以及收入弹性两个标准，某产品需求价格弹性、收入弹性大，说明该产品市场前景广阔，这样的主导产业更可能比较顺利地成长为支柱产业。

（2）筱原基准。20世纪50年代中期，日本经济学家筱原三代平提出了"收入弹性基准"以及"生产率上升基准"，统称为"筱原基准"。

收入弹性是指某产品需求量变化相对收入变化的反应。收入弹性高，说明该产业市场发展空间广阔。随着人均国民收入的增长，收入弹性高的产品将获得更快的发展，在产业结构中逐渐占有较高的比重，其作为支柱产业，将促进整个产业持续高增长，有利于创造更多的国民收入。这是从需求角度提出的选择基准。

生产率上升基准，则是指某产业的要素生产率与其他产业的要素生产率之比。生产率上升快、技术水平先进、技术要素密集的产业部门，市场份额大，能迅速有效地吸收技术进步成果，有利于技术进步、提高创新能力，调整整个经济资源的使用效率。这是从供给角度提出的选择基准。

(3) 罗斯托基准。罗斯托基准更强调支柱产业对经济和社会发展的影响力。支柱产业的选择应关注其对经济的扩散效应，首先，前向关联效应，能够为其后续产业的发展提供更多的产品和技术，创造更好的条件，向其他产业增加供给，促进经济发展；其次，后向类联效应，支柱产业市场前景广阔，其持续发展，对相关设备、技术和原材料等要素的需求扩大，带动产业迅速发展；最后，旁侧效应，支柱产业的发展，对就业、基础设施建设等，从经济、社会、文化等多方面带来变化，更广泛地推动经济发展。并同时提出两点主要基准：自身具有较高的增长率和比较显著的规模，能够带动众多产业共同发展。

4.1.2 房地产业作为支柱产业的实证基础

根据支柱产业确定的理论基准，可以从房地产业的社会效应、经济效应等不同侧面进行测算，在此基础上综合判定其在国民经济中所处的地位。

房地产业的经济效应包括两个方面：一是房地产业对相关产业的带动效应，客观地分析房地产业的产业链及其波及范围和影响程度，从国民经济的内在结构——产业结构上审视和评价该产业的实际作用；二是房地产业对国民经济的贡献率，分析该产业对整体经济的重要作用。

我们利用中国的投入产出表计算出了房地产业与其他产业的关联度，从而展示中国房地产业在国民经济中的地位，并分析了在房地产泡沫崩溃的情况下会对哪些产业造成比较严重的影响。具体见表4.1~表4.4。

第4章 产业定位与宏观调控：中国模式

表4.1　40产业中房地产业的主要后向直接关联产业及其直接关联度

直接关联产业名称	代码	直接关联度	比重	比重累加	位次
金融保险业	33	0.04607	0.19123	0.19123	1
建筑业	27	0.03895	0.16165	0.35288	2
非金属矿物制造业	13	0.03890	0.16147	0.51435	3
社会服务业	35	0.02113	0.08768	0.60203	4
电器机械及器材制造业	18	0.00899	0.03730	0.63933	5
商业	30	0.00866	0.03594	0.67527	6
其他制造业	22	0.00801	0.03325	0.70852	7
造纸印刷及文教用品制造业	10	0.00692	0.02874	0.73726	8
饮食业	31	0.00672	0.02791	0.76517	9
40产业直接消耗系数平均值		0.00602			

表4.2　40产业中房地产业的主要后向完全关联产业及其关联度

完全关联产业名称	代码	完全关联度	比重	比重累加	位次
非金属矿物制造业	13	0.06576	0.10501	0.10501	1
金融保险业	33	0.05892	0.09408	0.19908	2
建筑业	27	0.04261	0.06804	0.26712	3
化学工业	12	0.04073	0.06504	0.33216	4
社会服务业	35	0.03536	0.05646	0.38861	5
金属冶炼及压延加工业	14	0.03237	0.05169	0.44030	6
商业	30	0.03114	0.04973	0.49003	7
机械工业	16	0.02354	0.03758	0.52761	8
造纸印刷及文教用品制造业	10	0.02224	0.03551	0.56312	9
电器机械及器材制造业	18	0.02164	0.03456	0.59768	10
电力及蒸汽热水生产和供应业	24	0.01870	0.02985	0.62754	11
农业	01	0.01736	0.02771	0.65525	12
金属制品业	15	0.01656	0.02644	0.68169	13
40产业完全消耗系数平均值		0.01566			

房地产业：宏观调控与产业定位

表4.3　40产业中房地产业的主要前向直接关联产业类型及关联度

直接关联产业名称	代码	直接关联度	比重	比重累加	位次
商业	30	0.0780	0.2577	0.2577	1
金融保险业	33	0.0732	0.2420	0.4997	2
社会服务业	35	0.0354	0.1172	0.6168	3
行政机关及其他产业	40	0.0274	0.0906	0.7075	4
化学工业	12	0.0079	0.0262	0.7337	5
40产业直接分配系数平均值		0.0076			

表4.4　40产业中房地产业的主要前向完全关联产业类型及完全关联度

完全关联产业名称	代码	完全关联度	比重	比重累加	位次
商业	30	0.1136	0.1437	0.1437	1
金融保险业	33	0.0865	0.1095	0.2532	2
社会服务业	35	0.0514	0.0650	0.3182	3
建筑业	27	0.0511	0.0646	0.3828	4
化学工业	12	0.0489	0.0618	0.4446	5
行政机关及其他产业	40	0.0409	0.0517	0.4964	6
农业	01	0.0311	0.0394	0.5357	7
食品制造及烟草加工业	06	0.0288	0.0364	0.5722	8
非金属矿物制造业	13	0.0274	0.0347	0.6068	9
机械工业	16	0.0254	0.0321	0.6390	10
纺织业	07	0.0251	0.0318	0.6707	11
电器机械及器材制造业	18	0.0230	0.0291	0.6998	12
电子及通信设备制造业	19	0.0227	0.0287	0.7285	13
金属制品业	15	0.0222	0.0281	0.7566	14
金属冶炼及压延加工业	14	0.0221	0.0280	0.7845	15
均值		0.0198			

从表4.4中可以看出，中国的房地产业已经成为国民经济中的一个重要产业，通过后向直接关联影响到9个产业，通过后向完全关联影响到13个产业；通过前向直接关联影响到5个产业，通过前向完全关联影响到15个产业。

从表4.5中可以看到，我国房地产业产业链长、波及面广，国民经济中

第4章 产业定位与宏观调控：中国模式

绝大部分产业与房地产业有关联关系，房地产业每增加1个单位的产值，可带动所有产业增加1.416单位产值，其中，带动金融保险业增加0.145单位产值，带动商业、建筑业、非金属矿物制造业、建筑业、化学工业、社会服务业、金属冶炼及压延加工业、机械工业、农业、电器机械及器材制造业、行政机关及其他产业、纺织业、金属制品业、食品制造及烟草加工业、电子及通信设备制造业、造纸印刷及文教用品制造业分别增加0.145、0.094、0.093、0.09、0.087、0.054、0.49、0.048、0.045、0.041、0.04、0.039、0.038、0.038、0.037单位产值。

表4.5　　　　我国房地产业对主要关联产业的总带动效应

产业名称	代码	总带动效应	产业名称	代码	总带动效应
金融保险业	33	0.145	农业	1	0.048
商业	30	0.145	电器机械及器材制造业	18	0.045
建筑业	27	0.094	行政机关及其他产业	40	0.041
非金属矿物制造业	13	0.093	纺织业	7	0.040
化学工业	12	0.090	金属制品业	15	0.039
社会服务业	35	0.087	食品制造及烟草加工业	6	0.038
金属冶炼及压延加工业	14	0.054	电子及通信设备制造业	19	0.038
机械工业	16	0.049	造纸印刷及文教用品制造业	10	0.037
对40产业的总效应			1.416		

从关联产业类型上看，房地产业对不同性质产业的作用力方向不同，对矿物采选、制造业、邮电运输业等基础的原材料消耗型产业主要是后向拉动作用；对轻纺工业、技术服务以及电子通信业等生活消费型和服务型产业主要是前向推动作用；对金融保险业、建筑业、社会服务业、商业等与房地产业关联关系最为密切的环向完全关联产业产生需求拉动和供给推动双向作用。

从产业关联渠道上看，房地产业与不同产业的联系方式不同，与金融保险、社会服务业、商业等产业既直接密切关联又间接密切关联，而建筑业、非金属矿物制造业、旅客运输业与房地产业环向完全密切关联但仅后向

房地产业：宏观调控与产业定位

直接密切关联，即房地产业发展先对这些产业直接产生后向拉动作用，然后是间接产生的双向波及；化学工业、农业、金属冶炼及压延加工业、电器机械及器材制造业与房地产业环向完全关联但却是前向直接关联，房地产业发展对这几个产业先产生的是直接的前向推动作用，然后是来自间接渠道的双向影响。在产业结构上，房地产业对金融保险业、化学工业、建筑业、社会服务业、商业等产业的带动效应最大。这些产业是房地产业重要的相关产业，在制定产业政策、促进产业间协调发展时需要首先和重点考虑，应当合理确定房地产业与这些产业间的发展比例和规模，以避免因房地产业过度发展和发展不足引起经济大幅震荡和产业链条脱节。

4.2 中国房地产业的发展轨迹与宏观调控

中国房地产业的发展历史并不长，但可谓波澜壮阔。20世纪90年代以前，中国处于福利分房制度阶段，房子和户籍以及工作单位紧密联系在一起，既没有个人产权的概念，也没有成型的房地产市场。国家建房、组织分房、单位给房是福利分房的工作流程和典型特征，单位职工免费或者只需缴纳非常低的租金就可以使用，房屋买卖仅限于极少的房屋类型，在经济体系中微不足道，此时的住宅还不是商品。

20世纪90年代开始，中国的房地产业开始孕育，作为第二批改革开放的试点城市[①]，北海市的房地产业在很短的时间内局部预演了中国房地产业的泡沫起落。

北海是广西壮族自治区下辖的一个地级市，地处广西壮族自治区南端，北部湾东北岸。北海是中国最美的海滨城市之一，是古代"海上丝绸之路"的重要始发港，是国家历史文化名城。北海位于华南经济圈、西南经济圈、

---

① 1980年深圳、珠海、汕头和厦门四个经济特区设立，这是第一批改革开放的试点城市；1984年大连、秦皇岛、天津、烟台、青岛、连云港、南通、上海、宁波、温州、福州、广州、湛江、北海14个港口城市对外开放，是我国第二批改革开放的试点城市。

第4章 产业定位与宏观调控：中国模式

东盟经济圈的结合部，处于泛北部湾经济合作区域结合部的中心位置。北海既是中国西南地区同时拥有深水海港、全天候机场、高铁、高速公路的城市，也是中国大西南连接东盟最便捷的出海口。

开放之后的90年代初，北海市政府认为北海没有资金只有土地，凭借其天然优美的自然环境，用土地"引凤筑巢"的发展策略被确定为发展北海市的基本方针。在政策的吸引下，各路资金纷纷进入北海市，当时北海市的常住人口只有20万，加上流动人口也不过50万，但却出现了1200多家房地产开发公司，开发了规模足够200万人生活的住宅。1993年经济过热，政府对房地产业的调控首当其冲。1993年7月全国信贷规模急剧紧缩，资金抽离，北海市的绝大多数房地产开发公司消失，房价骤跌，房地产泡沫崩溃，经济凋敝，债务关系混乱，自然环境遭到破坏，土地资源巨大浪费，楼宇空置，废弃的烂尾楼随处可见，荒草没膝①。在其他开放的沿海城市快速发展的十多年的黄金机遇期，北海市却以"房地产泡沫博物馆"而著称于世。整个城市在房地产泡沫的创伤中，在房地产业无序发展带来的诸多恶果中，难以自拔。北海市的房地产泡沫为其后若干年整个国家的房地产业发展敲响了警钟，付出了高昂的学费。

当时与北海市房地产业比肩的是海南省。1988年8月23日，海南岛从广东省分离出来成为中国第31个省级行政区。海口和三亚以其优越的地理环境和开放政策吸引着来自全国各地的人才和资本，供需两旺，房地产业高速发展。两年多时间，总人数160万的海岛上出现了2万多家房地产公司。房价在短短的三年增长了4倍。1992年，海南全省房地产投资达87亿元，占固定资产总投资的1/2，仅海口一地的房地产开发面积就达800万平方米，地价由1991年的十几万元/亩飙升至600多万元/亩，当时海南全省财政收入的40%来源于房地产业。1993年6月24日，国务院发布《关于当前经济情况和加强宏观调控的意见》，16条整顿措施使海南房地产泡沫应声破

---

① 据房产部门2000年的调查，人口不过30万的北海市在20世纪90年代初期的"房地产热"中共造成闲置土地1887公顷，积压空置房107万平方米，"半拉子"缓建项目108个、建设面积121万平方米，沉淀资金逾200亿元。

53

裂，数千家开发商卷款逃离，留下600多栋烂尾楼盘、18834公顷闲置土地和800亿元积压资金，仅四大国有商业银行的坏账就高达300亿元，南方证券等证券公司的投资损失惨重。

海南和北海房地产市场的发展带来了沉痛的教训，但另一些改革开放试点城市的房地产发展带来的则更多是经验。在总结各地经验的基础上，在深化改革的1994年，中国政府发布了《国务院关于深化城镇住房制度改革的决定》，提出城镇住房制度改革的根本目的是建立与社会主义市场经济体制相适应的新的城镇住房制度，实现住房商品化、社会化。考虑到低收入阶层的购买力，将住房简单地划分为以中低收入家庭为对象的经济适用房和以高收入家庭为对象的商品房。1998年，《国务院关于进一步深化城镇住房制度改革加快住房建设的通知》出台，明确废止了住房实物分配，住房制度改革全面铺开。

2000年福利分房彻底停止，借助经济的快速增长，城乡居民收入的增加，城镇化的迅速推进，城市建设步伐的加快，加之金融和财政政策的鼓励，这期间我国的房地产业发展非常迅速，住房市场需求持续而快速地释放，而住宅的生产与供给也同步大幅增长，出现了大量的房地产公司，销售量和房价也都一路狂涨，商品房销售面积年均复合增长率达23%，土地均价年上涨幅度达到15%以上。房地产业在第一个较长的上涨周期中迅速成长壮大，房地产业从2004年之后开始向泡沫化的方向发展，超高的利润率使房地产业从实体经济中抽取了大量的资金，投资炒房成为当时最流行的潮流。

2008年美国次贷危机引发的全球金融危机给我国房地产业造成了一定的冲击，交易量和房价有所回落，但政府的宏观调控迅速扭转了房地产业的走势，暴增的银行信贷和4万亿元投资的拉动，使大量资金涌入房地产业，某些房地产公司兴风作浪，房价由此快速上涨，2009年房价上涨了25%。在政府资金充裕和地方财政宽松的背景下，2010年政府开始致力于保障性住房建设，但商品房的价格并没有因此而停步，房地产开发热遍全国。

4万亿元投资不但推进了国进民退的格局，也使房地产市场的泡沫进一

第4章 产业定位与宏观调控：中国模式

步吹大，为了把涌入房地产业的资金驱赶回制造业等实体经济，2010年下半年房地产政策突然由之前的过度宽松一步步转向过度紧缩。一、二线城市纷纷实行限购政策，但资金并没有回流到实体经济，而是跟随着大中型开发商脚步，转向了三、四线城市，形成了三、四线城市的住宅开发热，并形成了巨量的房地产库存。

2011年全国城镇居民的平均住房面积为32.7平方米，与政府设定的小康生活的住宅标准35平方米相去不远（不含城中村及郊区的小产权房），住宅短缺时代终结，房地产市场总体上供给大于需求的格局就此形成。

2013年之后，房地产政策的摇摆导致了房地产市场发展的摇摆不定，各地纷纷出台了各具特色的限购政策，房地产业的热度有所下降，但有些城市的房产成交量下滑后，又开始取消限购政策，部分城市的房地产价格增速回落后，改变了人们对房地产业的预期，形成了大量的房地产库存。在经济供给侧改革的大政方针之下，房地产业去库存的运动兴起，在效果不佳的情况下又纷纷退却，中国未来房地产业的发展仍处在巨大的不确定性之中。

4.3 中国房地产业宏观调控的评价

房地产业的地位决定了房地产业在国民经济管理中的分量，从而决定了房地产业和宏观经济调控的关系。

房地产业对国家的宏观调控政策极为敏感。宏观调控（macro-economic control）也称国家干预，是指政府通过经济、法律、行政等政策手段，通过控制货币收支总量、财政收支总量、外汇收支总量和主要物资供求，实现对经济运行进行的宏观调节和控制，以实现资源的优化配置，保持经济持续、稳定、协调发展。宏观调控是政府对国民经济的总体管理，是一个国家政府特别是中央政府的经济职能。

对房地产业宏观调控的目标主要不在于房地产业本身，而在于整个社会经济的发展。因为房地产业是至关社会经济发展的主导产业，产业链长，波

房地产业：宏观调控与产业定位

及面大，因此，房地产业就成了政府宏观调控的一个主要抓手。当经济过热时，政府紧缩房地产业，使经济降温；当经济过冷时，政府刺激房地产业，使经济回暖。

市场经济的周期是非常明显的，也是资本主义市场经济的基本特征。经济高涨阶段和经济萧条阶段都会带来一系列的经济社会问题，因此，政府一般不喜欢这两段阶段，希望通过宏观调控平滑经济周期，削峰填谷以使经济总是能平稳发展，因而就有了政府顺周期和逆周期的宏观经济调控[①]。

国外很多学者对于房地产与经济周期的相互作用关系进行了分析，大多数学者都认为房地产业发展周期与经济发展周期具有非常显著的关联性。Burns（1935）基于美国房地产市场的相关数据对房地产周期进行检验，结果发现美国房地产市场存在长周期，这被认为是关于房地产市场周期性研究的开端。Grebler 和 Burns（1982）对美国 1950～1978 年的房地产市场的变化进行分析，结果发现，住宅类房地产的周期数为 6，而非住宅类的房地产周期数为 4，并且经济增长波动要先于房地产市场波动，约为 11 个月。Hekman（1985）通过对美国 1979～1983 年 14 座城市的写字楼市场的相关数据进行研究，发现写字楼租金与本地经济甚至与经济周期具有十分显著的相关关系，并且同通货膨胀率数据具有一定程度的关系。

经济周期和房地产周期的研究为政府对房地产业的宏观调控奠定了理论基础。但宏观调控的方向和作用却是仁者见仁智者见智，比如 20 多年来对房地产市场多次的宏观调控就有许多令人深思之处：如果不是 20 世纪 90 年代初宏观管理上的完全失控而导致房地产泡沫长大到不好收拾；如果北海市和海南省的房地产热不是以突然出台严厉的调控政策用主动捅泡沫降温的形式展开，而是以比较缓慢温和的方式通过货币政策和财政政策逐渐降温，是不是就可以保证北海和海南长期平稳的发展，不会造成那么大损失，因为以

---

① 逆周期调控机制，是一种宏观审慎政策。央行等相关部门应在客观准确判断宏观形势的基础上创新货币政策工具，进行灵活的逆方向调控，建立健全与新增贷款超常变化相联系的动态拨备要求和额外资本要求，通过逆周期的资本缓冲，平滑信贷投放、引导货币信贷适度增长，实现总量调节和防范金融风险的有机结合，大大提高金融监管的弹性和有效性。简而言之，逆周期调控是指通过一些政策工具和措施让整个周期波动性平缓下来，负面冲击小一点。

第4章 产业定位与宏观调控：中国模式

今天的标准来衡量，当时泡沫并没有多么严重，现在两个城市的房地产价格早已超出泡沫捅破时的价格，而且泡沫破裂后的影响也都通过经济的进一步发展得以消除了。为什么可以长期消除的东西非要短期内以捅泡沫的形式消除呢？当时的宏观调控政策是完全正确的吗？

再比如，如果在美国发生次贷危机后，我们能够充分认识到问题的严重性，采取缓慢的经济降温措施，而不是一边盲目乐观隔岸观火一边仍在货币政策和财政政策上踩油门，一直等到次贷危机以全球金融危机的形式蔓延开来，才意识到问题的严重性而急踩刹车，连续提高存款准备金率并连续加息，以近乎不可思议的形式来紧缩货币政策，然后又是一个大逆转，以4万亿元的大投资的形式开闸放水，而这些资金的很大一部分又以各种渠道特别是通过国有房地产公司最终冲进房地产市场，是不是就不会有后来各个城市以限购等违反市场经济自由契约原则的政策对房地产市场的严格调控，是不是整个国民经济就不至于到今天这种格局？

当然，历史是不能假设的。但如果我们不能认识到历史的教训，是不是在宏观调控中还会重蹈历史的覆辙，甚至还会有更坏的结局等待着我们？

第 5 章

房地产泡沫与宏观调控：境外经验

5.1 房地产泡沫的国际经验

地产泡沫像一个幽灵，游荡在一些国家的经济体之中，在陡然爆发的金融危机和经济危机中推波助澜，甚至成为金融危机的导火索。

应该先对"地产泡沫"中"泡沫"有一个比较科学的、为大家所认可的界定，否则所有关于地产泡沫的争论、分析和推测都将缺乏可信的基础。

金德尔伯格（Kindleberger）在《帕尔格雷夫经济学大辞典》中对"泡沫经济"作了如下定义："泡沫状态这个名词，随便一点儿说，就是一种或一系列资产在一个连续过程中陡然涨价，开始的价格上升会使人们产生还要涨价的预期，于是又吸引了一些新的买主——这些人一般只是想通过买卖牟取利润，而对这些资产本身的使用和产生盈利的能力是不感兴趣的。随着涨价常常是预期的逆转，接着就是价格的暴跌，最后以金融危机告终。通常，'繁荣'时间要比泡沫状态长些，价格、生产和利润的上升也比较温和一些，以后也许接着就是以暴跌（或恐慌）形式出现的危机，或者以繁荣的逐渐消退告终而不发生危机。"

有学者曾说，地产泡沫就像喝啤酒时浮在上面的"沫"，"沫"是

第5章 房地产泡沫与宏观调控：境外经验

"酒"的必然，要喝酒就得容忍"沫"。看来金德尔伯格的"经济泡沫"与这种提法中的"泡沫"毫不相干，指的是一种由金融投机导致的"非正常"的经济状态：资产价值飙升到远离其内在价值的程度，大多数买方的目的不在于对资产的使用和拥有，而是价格继续走高抛售后获取投机收益。

本书讨论的泡沫都将以金德尔伯格所定义的泡沫经济概念为基础。

一个国家或地区的政府之所以要调控房地产市场，防止房地产泡沫的产生，主要是因为房地产泡沫对经济和社会生活秩序可能造成的破坏。

5.2 美国的房地产业及其宏观调控

美国是目前世界上最发达的国家，由华盛顿哥伦比亚特区、50个州和关岛等众多海外领土组成。其主体部分位于北美洲中部，国土总面积963万平方公里，人口3.2亿。2014年美国GDP总计17.42万亿美元，人均GDP为54629美元，是世界上最大的经济体。

自1776年7月4日美国独立至今，同美国社会经济发展一道，美国的房地产业经过了240多年的发展历程，现已成为美国国民经济的重要组成部分，是不可缺少的支柱性产业之一。考察美国房地产业的发展过程和产业地位，特别是几次房地产泡沫的形成、发展以及破灭的路径，全面了解和深刻认识美国房地产宏观调控政策的推行及其效果，有助于我们在比较借鉴的基础上研究和制定我国房地产业的发展以及宏观调控政策，以应对目前我国房地产发展中的错综复杂的局面。

美国成立时，全国土地主要由联邦政府或各州政府所拥有，私人土地拥有率不超过20%。基于市场经济的理想，美国开始了大规模土地私有化的进程。政府以协议、拍卖等方式顺利地实现了土地的私有化，在土地私有化的过程中，联邦和州政府也通过出售土地获得了大量的资金用于城乡基础设施建设，包括华盛顿特区等城市就是在这个阶段发展起来的。

土地的私有化和法律对私人产权与自由交易的保护，保证了房地产交易

房地产业：宏观调控与产业定位

在一个公平而有效的轨道中运行，房地产市场也就自然而然地形成并兴旺发达起来。新大陆的勃勃生机吸引着全世界的移民不断涌入，城市群的形成和大规模建设导致土地需求猛增，土地和房屋的价格也快速上涨，尽管期间也相伴而生了土地的投机活动，导致价格的大起大落，但总体上仍属于市场供求自发调节的结果，并不影响整个房地产市场长期的健康发展，联邦和州政府的角色是提供有效的法律制度以保证房地产业的规范运行、在科学的城市建设规划的基础上提供基础设施以保持对城市的地产需求者和资本所有者的吸引力。

政府和市场的边界非常清晰，政府有所为有所不为的房地产业发展策略取得了巨大的成功：城市建设的日新月异促进了美国城镇化的进程，美国城市在吸引了世界上最具冒险精神的优秀移民的同时也将农村人口引到了城市，良好的居住和工作环境进一步推动了城市的发展。城镇化的推进和有效的土地市场可以使乡村土地集中到大农场实现大规模机械化作业，降低了农业生产的成本并提高了农业生产的效率，时至今日，美国的农产品不但充分保障了本国居民的需要，还出口到世界各地，成为美国具有全球竞争力的重要产业。

1929～1933年发源于美国的经济大萧条（great depression）对房地产业的发展也构成了较大的影响，期间刺激房地产业发展的宏观调控政策开始出台，并直接引致了1932年美国《联邦住房贷款银行法》的立法和联邦住房贷款银行（Federal Home Loan Bank）的成立[1]，虽然这一制度对美国几十年的房地产发展大有裨益，但也为后来20世纪80年代的美国储贷危机埋下了伏笔。

第二次世界大战以后，美国社会人口数量的增加、社会的稳定、经济的发展以及收入的提高，使人们对房地产的需求发生了较大的变化，市场的

---

[1] 联邦住房贷款银行填补了一般银行因投资期限不匹配而不愿向房地产业贷款的问题，通过住房贷款的发放而推动了房地产市场的供给和需求。《联邦住房贷款银行法》通过后，小银行积极地参与房地产贷款，储蓄协会也由此大大扩张，到1980年，在储蓄协会资产中有6000亿美元的房产贷款，为S&L总资产的80%，也占到美国所有房产抵押贷款的50%。

第5章 房地产泡沫与宏观调控：境外经验

价格调节机制再次发挥了巨大的作用，城市中心逐渐成为繁华的商业区，环境优美和价格较低的城市郊区成为居住中心。随着住宅开发、综合性房地产开发和商用房地产开发等市场活动，房地产金融也发展起来，以住房抵押贷款及其证券化和房地产信托投资为主要内容的房地产金融创新日趋活跃[①]。

从重工业、轻工业到科技产业，美国的产业迭代使美国保持了几十年的快速发展，房地产的基本稳定和比较正常的价格状态为美国各产业的发展提供了很好的支持，但也因政府的不当介入而积累了大量的风险。

20世纪80年代，美国金融市场的利率改革引发了房地产市场的储贷危机。1986~1989年，超过1/3的储蓄协会被关闭，其间或其后还有1600多家主要从事房地产贷款业务的小型银行倒闭，房地产业受到较大冲击。

20世纪90年代之后，美国的房地产业得到修复并再次进入上升周期，但房地产金融方面的问题并没有被彻底解决，而是逐渐被挤压到金融衍生品的大池子里，金融衍生品因其复杂而易于掩盖风险。

2000年网络经济的第一次泡沫破灭和"9·11"事件驱使资本撤离美国，美国经济有陷入萧条的风险。为扭转经济下行的趋势，政府开始实行宽松的货币政策和财政政策。仅从2000年1月到2003年6月，美联储就将联邦基金利率从6.5%下调到1%。房地产金融市场迅速做出反应，30年的固定抵押贷款利率从2000年的8.1%下降为2003年的5.8%；1年期可调息抵押贷款利率从2001年的7.0%降至2003年的3.8%。房地产市场流动性泛滥，并形成了21世纪初美国房地产市场的一次大繁荣。具体见图5.1。

[①] 20世纪90年代之后美国的房地产金融特别是房地产抵押贷款的证券化和投资信托发展迅速。据统计，1990年美国商业抵押贷款证券化发行量不足50亿美元，但到1997年和1998年发行量就接近了450亿美元，商业抵押贷款证券化的总市值达到了近1800亿美元，证券化和二级抵押市场将全球资本引入商业房地产。

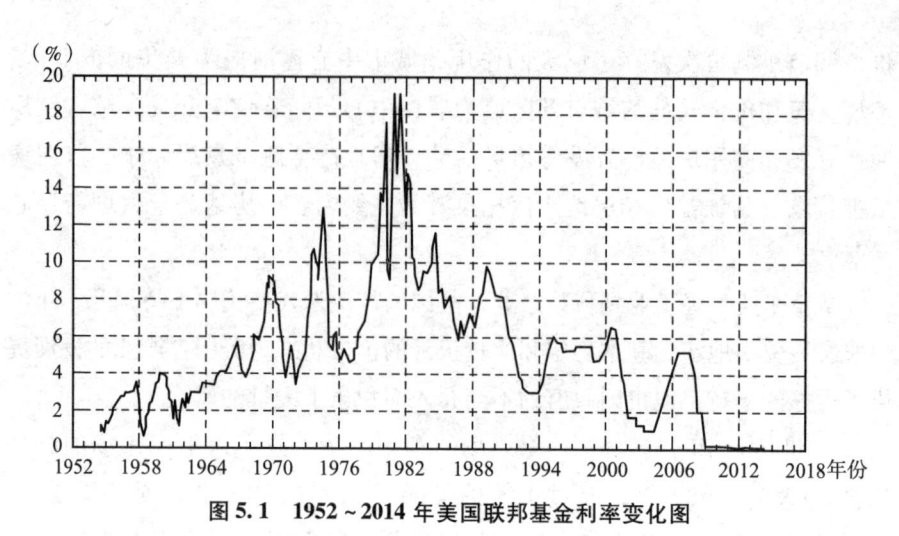

图 5.1　1952～2014 年美国联邦基金利率变化图

资料来源：http://www.federalreserve.gov

2003～2006 年美国的房地产价格大幅上升，美国很多州的住宅价值与 GDP 比例上升到 120% 以上，价格上升的趋势吸引了大量资金进入房地产业。住房建设、供给和需求都快速增长，2005 年美国共建新房 200 万栋，创下历史新高，在房地产金融创下的推动下，购房者很容易获得贷款，改善性住房需求和投机性住房需求都大幅增加，房地产市场仍呈现供不应求的态势。

有还款实力的客户资源开始枯竭后，金融机构在利益的驱动下，利用金融创新，开始向原本不能申请抵押贷款的低收入人群提供低首付和还款初期压力较小的次级贷款，然后再以打包的形式，将大量的次级贷款转化为信用评级较高的复杂的金融衍生产品，通过在资本市场上频繁交易，最后将风险转移到信托公司和保险公司等其他金融机构，并在国内外的资本市场上扩散开来。期间，次贷链条上的金融机构获得了巨大的利益，并在很长的时期内保证了资本市场和房地产市场的繁荣。2006 年，次级贷款价值超过 1 万亿美元，占抵押贷款总额的 21%，比 2001 年增长了 3 倍多。

人们开始关注美国的房地产泡沫，因为房地产市场资金链条一旦断裂，其后果将是严重的。美联储也终于意识到了风险，因此，启动了以实施紧缩货币政策为核心的宏观调控。美联储以每次 25 个基点连续 17 次加息，其加

第 5 章　房地产泡沫与宏观调控：境外经验

息周期之长之频密，都创历史纪录。利率政策的改变终结了房地产市场泡沫的进一步增大，但也无情地戳破了房地产市场的泡沫。2006 年 8 月开始，美国房地产的价格惯性冲高后开始明显回落；2007 年美国的次贷危机爆发，房地产价格大幅下跌；2008 年美国次贷危机引发的金融风暴席卷全球。

经过七八年的调整，目前美国房地产市场基本已经走出次贷危机的阴影，再次回到一个较为良性发展的轨道上。美国房地产业经过了 240 多年的发展，经历了两次世界大战与经济危机的严峻考验，并经历了诸多的产业周期和若干次房地产泡沫生成和破裂的过程，已经步入一个比较成熟的发展阶段。

5.3　日本的房地产业及其宏观调控

日本位于亚洲东部、太平洋西北，领土由北海道、本州、四国、九州四大岛及 7200 多个小岛组成，总面积 37.8 万平方公里，总人口约 1.26 亿，2014 年日本 GDP 总计 4.60 万亿美元，人均 GDP 为 36194 美元，是仅次于美国、中国的世界第三大经济体。日本是一个多山的岛国，山地成脊状分布于日本的中央，将日本的国土分割为太平洋一侧和日本海一侧，山地和丘陵占总面积的 71%，大多数山为火山。国土森林覆盖率高达 67%。

日本人口和建筑主要分布于日本的平原地区，而日本的平原主要在河流的下游近海一带，多为冲积平原，规模较小，较大的平原有关东平原、石狩平原、越后平原、浓尾平原、十胜平原等，其中面积最大的平原为关东平原。日本的主要城市有东京、大阪、名古屋、横滨、神户、札幌、福冈、千叶、埼玉等。日本平原面积狭小，耕地和可居住面积都十分有限，人口大多集中在几个大城市，人口生理密度高达 2924 人/平方公里，为世界第 26 位。

20 世纪前半叶，日本在发动大规模的侵略战争后自食其果。第二次世界大战以后，日本利用冷战环境和亲美关系在战争的废墟上得以重建，市场经济在几十年内高速成长。人口数量的增长，居民收入和生活水平的提高，工业的快速发展，城镇化的推进等，共同创造了巨大的房地产业需求，加之

房地产业：宏观调控与产业定位

土地资源的匮乏使房地产价格迅速飙升。除了1974~1975年日本的房地产价格因第一次石油危机和政府经济紧缩的宏观调控而有所回落外，其他时间房地产价格的增长速度都很快。

20世纪80年代之后，随着日元大幅升值，不动产价格增长到一个相当高的水平，人们普遍认为日本的房地产泡沫已经形成并在迅速长大。1987年年末，日本全国的土地价格总额为美国地价总额的4倍；房地产平均价格是美国的96倍，东京都市区的土地比美国整个加利福尼亚州还要贵。

此时，为应对美、日、德、法、英于1985年9月签订的协调干预外汇市场的"广场协议"的负面影响，日本已经连续5次下调官方利率，中央银行贴现率和官方利率都达到了历史最低水平。调低利率的结果是货币供应量大幅增加，而这时日本金融业从20世纪70年代开始尝试的金融自由化特别是利率市场化的步伐加快并已达到一定的水平。"自由"了的银行业为追逐利润并获得竞争优势，毫无节制地向房地产投资者融资，房地产投资者可以从银行得到贷款，而用贷款购得的地产又可以作为抵押，从银行得到相当于地产价格70%以上的更多的贷款，如此反复贷款，新增加的巨量货币供给很大一部分都通过银行业流入了房地产业。不动产抵押贷款在全国银行的贷款总额中所占比例1984年为17%，1992年达到36%。此外，7家不受银行法限制的住宅专业金融公司向个人购房者提供的大量贷款使贷款额度进一步膨胀。同时，很多大型企业也为追逐房地产业的超额利润，将长期积累的自有资金或通过各种方式融通来的资金投资于房地产业。房地产业供需两旺，一片繁荣。

非理性预期和投机对日本房地产泡沫积聚起到了推波助澜的作用。与整个社会的房地产存量相比，无论是新建房还是二手房，每年在市场上交易的数量实际上十分有限，但问题在于整个房地产的价格是以这些有限的交易价格作为标价尺度的，是用少量的交易为巨量的房产标价，如果交易中有大量地产投机的因素存在，加上信息的不对称，人们对炒房利润的非理性预期就会被投机引导出来，直至也加入房地产的投机中去。

日本的土地政策和税收政策加快了泡沫的形成过程。日本征收的属于土

第5章 房地产泡沫与宏观调控：境外经验

地保有税中的固定资产税税率是1.4%，而由于价格上涨，实际有效税率仅为0.2%~0.3%，而美国、加拿大等国家的相应税率为2%左右。从需求角度，低的地产保有税刺激了人们拥有更多房地产的意愿，空置待售成为普遍现象；从供给的角度，土地闲置、待机转手和低密度、低容积率利用成为常态，大片空置待建的土地成为城市的景观，这更加剧了房地产供给的短缺，价格迅速上涨成为必然。房地产转让所得税也是调节房地产市场发展的重要手段。为限制短期转手投机，日本从1988年10月开始，对保有期不超过2年的土地转让收益征收高达96%的重税。但政策效果却适得其反，在价格持续上涨的阶段，高税率实际上正好抑制了地产交易，迎合了投机者长期持有房地产静等价格涨到足够高时才出手的心理。房地产供给因此更加短缺。此外，继承房地产的遗产税税率低于其他资产的遗产税税率，导致了富有的老年人将其他金融资产转换为房地产，进一步推动了房地产需求的热潮。

除此而外，20世纪80年代以前日本住宅建设总体上相对滞后于人口的城镇化进程，当大量的人口从乡村迁徙到城市时，住宅需求急剧膨胀，只要保有房地产就能获得高额收益，这导致了住宅这种由于流动性很差、折旧很快、需求层次升级迅速而缺乏保值增值功能的资产，在现实中具有了强大而稳定的保值增值功能，购买房地产一度真地成了最佳的投资渠道，示范效应和"羊群效应"使"地产不灭"的神话得以长时间延续。

到1990年，日本房地产价格比1987年又上涨了2倍，其中仅1987年商业用地和住宅用地的价格上涨就超过了76%。

日本抑制泡沫经济的宏观调控是自1989年5月始从中央银行三次上调贴现率开始的，1990年年初股指开始回落。为防止海湾战争带来的油价上涨的冲击，1990年8月，日本银行将贴现率从4.25%一次性上调到6.0%，至此，股市崩盘和大银行、大证券公司违法经营的丑闻劲爆并互相促进，彼此推动，股市崩溃由此一发而不可收。1991年日本不动产市场继股市暴跌之后开始垮塌，巨大的地产泡沫自东京崩溃而迅速蔓延至日本全境。1991年东京、大阪、名古屋、京都、横滨和神户六大城市的房地产价格下降了15%~20%，并从此保持了连续多年的下跌趋势。目前日本地价仅为高峰时

房地产业：宏观调控与产业定位

的 1/3 左右，其中，住宅地价下跌了 46%，商业用地下跌了 70%。第二次世界大战后迅速起飞并保持了几十年快速增长的日本经济在 20 世纪 90 年代之后却陷入了旷日持久的停滞和衰退状态，至今仍未能恢复，地产泡沫的破裂是一个重要的导因。

以地产泡沫为代表的泡沫经济破灭后，日本经济从 1991 开始了漫长的经济衰退期。企业破产、收入下降、消费萎缩，贫富差距拉大，日本政府采用了包括"金融大爆炸"和安倍执政后的"安倍经济学"在内的各种各样的振兴经济的手段，但经济依旧一蹶不振。90 年代末的亚洲金融危机使日本经济雪上加霜，即使其他亚洲国家从危机中全部复苏之后，日本经济仍然在衰退的泥潭中挣扎了很长一段时间。可见经济泡沫破裂对日本经济的打击何其沉重。

而地产泡沫破裂对整个社会经济的影响究竟有多大，取决于一国房地产业与国民经济其他产业之间的产业关联程度。关联程度越大，影响越深远。

表 5.1～表 5.4 是利用日本 1970～1990 年发布的五张投入产出表计算的在 1985 年不变价格下房地产业的后向、前向、环向的直接和完全关联密切产业及其关联度。

表 5.1 日本在 1985 年不变价格下房地产业的后向直接关联密切产业

产业代码	产业名称	1970 年 关联度	位次	1975 年 关联度	位次	1980 年 关联度	位次	1985 年 关联度	位次	1990 年 关联度	位次
6	造纸印刷业	0.0454	2	0.0274	3	0.0296	4	0.0389	3	0.0350	3
26	建筑业	0.0735	1	0.0702	2	0.0425	1	0.0419	2	0.0282	4
27	批发零售业					0.0101	6				
28	餐饮与旅馆业							0.0074	6	0.0100	7
29	运输与仓储业									0.0243	6
31	金融保险业	0.0107	5	0.0076	5	0.0183	5	0.0285	5	0.0683	2
32	房地产业	0.0215	4	0.0721	1	0.0387	2	0.0616	1	0.0695	1
33	公共、社会和个人服务业	0.0437	3	0.0242	4	0.0323	3	0.0336	4	0.0260	5
后向直接关联度平均		0.0068		0.0069		0.0060		0.0071		0.0091	

第5章 房地产泡沫与宏观调控：境外经验

表5.2　日本在1985年不变价格下房地产业的后向完全关联密切产业

代码	产业名称	1970年 关联度	位次	1975年 关联度	位次	1980年 关联度	位次	1985年 关联度	位次	1990年 关联度	位次
2	矿业和采石业	0.0227	7	0.0234	6	0.0206	8				
6	造纸印刷业	0.0895	1	0.0574	3	0.0601	1	0.0730	2	0.0695	3
7	化学工业					0.0142	10	0.0144	9		
9	石油煤炭产品业	0.0247	6	0.0233	7	0.0212	7	0.0162	7	0.0177	10
25	电力、煤气、供水业					0.0141	11			0.0181	8
26	建筑业	0.0785	2	0.0777	2	0.0465	4	0.0474	4	0.0338	6
27	批发零售业	0.0277	5	0.0286	5	0.0317	5	0.0213	6	0.0287	7
28	餐饮与旅馆业									0.0178	9
29	运输与仓储业	0.0160	9	0.0159	9	0.0156	9	0.0153	8	0.0481	4
31	金融保险业	0.0216	8	0.0210	8	0.0302	6	0.0431	5	0.0936	2
32	房地产业	0.0349	4	0.0952	1	0.0578	2	0.0864	1	0.1033	1
33	公共、社会和个人服务业	0.0557	3	0.0393	4	0.0471	3	0.0481	3	0.0354	5
后向完全关联度平均		0.0153		0.0153		0.0135		0.0142		0.0175	

表5.3　日本在1985年不变价格下房地产业的前向直接关联密切产业

代码	产业名称	1970年 关联度	位次	1975年 关联度	位次	1980年 关联度	位次	1985年 关联度	位次	1990年 关联度	位次
3	食品、饮料、烟草业	0.0226	5					0.0155	7		
7	化学工业	0.0137	9								
15	非电力机械业	0.0127	10			0.0131	8				
18	广播、电视及通讯业	0.0172	8								
26	建筑业	0.0428	3	0.0395	4	0.0492	2	0.0471	3	0.0650	3
27	批发零售业	0.1131	1	0.1067	1	0.1018	1	0.1058	1	0.0997	1
28	餐饮与旅馆业					0.0133	7				
29	运输与仓储业	0.0177	7	0.0157	6	0.0217	6	0.0206	6	0.0265	6
31	金融保险业	0.0443	2	0.0397	3	0.0353	4	0.0454	4	0.0428	5
32	房地产业	0.0215	6	0.0721	2	0.0387	3	0.0616	2	0.0695	2
33	公共、社会和个人服务业	0.0234	4	0.0248	5	0.0298	5	0.0355	5	0.0477	4
前向直接关联度平均		0.0119		0.0128		0.0123		0.0134		0.0142	

67

房地产业：宏观调控与产业定位

表 5.4　日本在 1985 年不变价格下房地产业的前向完全关联密切产业

代码	产业名称	1970 年 关联度	位次	1975 年 关联度	位次	1980 年 关联度	位次	1985 年 关联度	位次	1990 年 关联度	位次
3	食品、饮料、烟草业	0.0492	5	0.0436	7	0.0365	9	0.0458	6	0.0373	8
4	丝绸、服饰与皮革业	0.0329	11								
6	造纸印刷业	0.0276	13	0.0309	12			0.0288	12		
7	化学工业	0.0376	8	0.0377	8	0.0328	10	0.0316	11	0.0294	11
9	石油煤炭产品业			0.0326	11	0.0279	12				
12	钢铁业	0.0552	3	0.0534	5	0.0415	7	0.0323	10		
15	非电力机械业	0.0404	7	0.0353	10	0.0372	8			0.0337	10
18	广播、电视及通讯设备业	0.0362	9					0.0332	9	0.0352	9
21	机动车辆业					0.0301	11	0.0436	7	0.0490	7
26	建筑业	0.1006	2	0.1060	2	0.1091	2	0.0967	2	0.1241	2
27	批发零售业	0.1417	1	0.1439	1	0.1377	1	0.1462	1	0.1346	1
29	运输与仓储业	0.0328	12	0.0367	9	0.0449	5	0.0398	8	0.0561	6
31	金融保险业	0.0497	4	0.0505	6	0.0443	6	0.0575	5	0.0566	5
32	房地产业	0.0349	10	0.0952	3	0.0578	4	0.0864	3	0.1033	3
33	公共、社会和个人服务业	0.0479	6	0.0539	4	0.0601	3	0.0674	4	0.0770	4
前向完全关联度平均		0.0261		0.0296		0.0279		0.0285		0.0291	

从表 5.1～表 5.4 可以看出，日本的房地产业作为国民经济产业链条的重要一环，通过后向直接关联（关联产业为房地产业的上游产业）影响到 7 个产业（剔除房地产业本身，房地产业自身的关联体现在从事房地产业的公司在经营过程中也消耗掉其自身的资源，如办公室用房等），通过后向完全关联（直接+间接）影响到 10 个产业；通过前向直接关联（关联产业为房地产业的下游产业）影响到 10 个产业，通过前向完全关联影响到 14 个产业。也就是说，房地产业的变化对这么多产业有着直接或间接的密切影响（关联度小些的非密切关联产业已在表中剔除）。关联度的意义以表 5.2 和

第5章 房地产泡沫与宏观调控：境外经验

表5.4中1990年房地产业和金融保险业的后向与前向完全关联度0.0936和0.0566为例，分别意味着1990年房地产业每增加10000元产值，拉动金融保险业增长936元，推动金融保险业增长566元。

这些数据在一定程度上显示了房地产的泡沫及其破裂对其他产业造成的影响，解释了房地产泡沫破裂何以有如此大的威力。表5.5是1970~1990年日本房地产业对其主要关联产业的总带动效应，仍以金融保险业为例，关联度为0.071~0.150表示，房地产业变动1个单位，金融保险业在关联最低的年份变动0.07个单位；在关联最高的年份变动0.15个单位，平均0.09个单位。

表5.5　1970~1990年日本房地产业对其主要关联产业的总带动效应

产业类型	变动范围	均值
食品、饮料、烟草业	0.042~0.057	0.05
造纸业	0.087~0.117	0.05
化学工业	0.046~0.051	0.05
建筑业	0.068~0.172	0.16
批发零售业	0.168~0.172	0.17
运输及仓储业	0.049~0.104	0.06
金融保险业	0.071~0.150	0.09
房地产业	0.070~0.207	0.15
社会服务业	0.071~0.150	0.11
总效应	1.491~1.679	1.56

从年度比较上也可以看出一些问题。比如，1970年日本房地产业和金融保险业的总关联度为0.071，而1990年则为0.150，说明与1970年相比，到1990年房地产业和金融保险业已经发展成为一种不正常的关系，两者的关联度上升很快，证明房地产业的泡沫形成过程是与银行保险业有直接关系的。而实际上，正是银行保险业（日本的保险业也在房地产市场上投入了大量的资金）的资金在推动着房地产泡沫的形成。关联度的国际比较可以看出一个国家的银行业是否在鼓动着地产泡沫，若是，则政府应采取抑制银

行为房地产投机融资的措施,这是产业关联分析最主要的政策含义之一。

不仅是对中国,对任何国家而言,日本房地产泡沫破灭的教训都是一笔宝贵的财富,唯一的差别仅在于借鉴意义的大小。

5.4 新加坡的房地产业及其宏观调控

新加坡是东南亚的一个岛国,北隔柔佛海峡与马来西亚为邻,南隔新加坡海峡与印度尼西亚相望,毗邻马六甲海峡南口,国土除新加坡岛之外,还包括周围数岛。新加坡于1959年6月3日开始自治,1965年8月9日独立,其政治体制是议会制共和制,国土面积719.1平方公里,2014年的GDP总计3078.72亿美元,人均GDP为56287美元,2015年的人口数量为5535.5万人。

20世纪中叶,当新加坡邻国马来西亚日益繁荣富强的时候,新加坡还是一个贫穷落后的国家。当时大部分新加坡居民居住在陋屋区,居住环境极其恶劣。其后,政府推行"市区重建计划"和"居者有其屋计划",政府建造了大量的组屋为普通公民提供住宅,同时也鼓励商业地产的发展,作为房地产业的补充。随着新加坡经济的崛起,房地产业迅速发展起来,城市面貌和住宅建设发生了天翻地覆的变化。政府建设的公共组屋约占住房套数的82%,掩映在绿树丛中,约占17%的完全市场化的高档商业地产则点缀其中,商业楼宇林立,道路通畅,环境优美,被誉为"文明都市花园城市"。

新加坡房地产业是国民经济的一个重要支柱产业,新加坡政府每年从房地产业得到的直接收入占财政总收入的20%~35%。既然是重要的支柱产业,在政府的宏观经济调控中,房地产业就必然是一个调整对象。但因为作为保障性住房的组屋受房地产市场价格涨跌的影响较小,所以新加坡房地产市场宏观调控的到落脚点在于占比仅17%的商业化房地产市场。一般而言,新加坡政府并不打压房价,也不会刺激房价上涨。因为商业化住宅的购买者是富裕阶层或者外来房地产业投资者,房价的上涨有利于政府增加税收,带

第5章　房地产泡沫与宏观调控：境外经验

动宏观经济的发展，所以对房价的上涨一般采取的是一种听之任之的态度，加之新加坡自然环境和人文环境优美，国家民主富裕，社会环境稳定，政府官员清廉，法律制度健全，是世界上最安全、最具价值的宜居国家之一，新加坡房地产也自然成为财富保存与累积的最佳资产，亚洲国家的企业和个人来新加坡置业者众多，因此，新加坡商品房的价格是世界上最高的国家和地区之一。根据2011年"全球十大城市住宅价格指数"的排名，新加坡私有住宅单价仅次于中国香港位列世界第二位，而套价均值则以87.3万美元位列第一，经过近几年房价的恢复性上涨，2015年新加坡的最高房价达到每平方米5万新加坡元，约合人民币25.5万元每平方米。

然而，在特殊阶段，新加坡政府也会对房地产市场加以调控。比如，1997年亚洲金融风暴发生后，政府曾以财政政策和货币政策推动房地产市场的复苏；再比如，在美国次贷危机引发全球金融危机发生之后的2009～2011年，为防止房地产市场泡沫，不蹈美国等发达国家房地产市场泡沫破灭的覆辙，新加坡政府曾推出三轮房地产市场降温举措，旨在防止商品房市场出现过度的投机行为。

在财政政策方面，主要通过提高或降低房地产的相关税率来实现对商品房市场的宏观调控。新加坡对房地产征收房地产税，按照不动产每年所能获得租金总收入的25%计征，空置土地按估计成本的5%计征，旅馆客房和餐饮用房按年总收入的5%计征；房地产交易的印花税分段按照累进税率计征，不动产转让差价在9万新加坡元以下按1%计征，9万～15万新加坡元按2%计征，超过15万新加坡元的按3%计征。同时，在变更使用用途、提高房屋密集度或规划比率的情形下，按增值部分的50%征收开发收益费。新加坡对房地产课以比较轻的遗产税，遗留不动产市价估值不足50万新加坡元免税，遗留不动产市价估值在50万～1000万新加坡元之间的，扣除一切许可费用（许可扣除费用上限为300万新加坡元）后按5%计征，超过1000万新加坡元后按10%计征。在宏观调控阶段，新加坡政府会提高房地产的印花税等税种的税率，以降低房地产投资的活跃程度。

在货币政策方面，政府通过提高或降低预付款标准、调整房贷上限来刺激或者抑制房地产业的投资，同时也会辅之以加大或者减少土地的供应量①。

5.5 中国香港的房地产业及其宏观调控

中国香港由香港岛、九龙半岛、新界三大区域组成，陆地总面积1104.32平方公里，截至2014年年末，总人口约726.4万人，人口密度居全世界第三。2014年香港地区生产总值为2909亿美元，人均生产总值为40170美元。香港是国际和亚太地区重要的航运枢纽及最具竞争力的城市之一，曾连续21年经济自由度指数位居世界首位。香港曾以优良治安、自由经济和健全的法律制度等而闻名于世，有"东方之珠"之美誉，也曾是全球最富裕、经济最发达和生活水准最高的地区之一。

1840年香港还是一个偏远的小渔村，被英国占领后，成为自由市场经济的试验场，其后的100多年，尤其是第二次世界大战之后的几十年，香港以自由的市场经济获得强大的发展动力，经济社会迅速发展，是"亚洲四小龙"之一，并成为全球高度繁华的国际大都市，是继纽约、伦敦后的世界第三大金融中心。

香港经济发达但土地面积狭小，寸土寸金房价高企是市场经济供给需求的必然结果。伴随着英国殖民、日寇践踏、中国中央政府恢复行使主权、金融危机等一系列社会政治经济文化的各种重大历史事件，香港的房地产市场

---

① 新加坡土地所有制度分国有和私人所有，其中国有土地又分为纯国有和公有两种形式。纯国有土地由政府部门所属的土地局掌管；公有土地由半官方机构建屋发展局、港湾局、民航局以及其他社会团体掌握和使用（目前，纯国有土地约占53%，公有土地约占27%，私有土地约占20%）。新加坡采用拍卖、招标、有价划拨和临时出租等方式，将一定年限的土地使用权出售给使用者，出让后的土地可以自由转让、买卖和租赁，但年限不变。使用期满后，政府无偿收回土地及其地上附着物，若要继续使用，须经政府批准，再获得一个规定年限的使用期，但须按当时的市价重估地价第二次买地。新加坡住房按照土地使用权分成三类，即永久地契、999年地契和99年地契。组屋和部分房地产商开发的私人公寓土地使用权限是99年，只有新加坡公民或者能对新加坡做出特殊贡献的人才可以买到拥有永久地契的房子。

第5章 房地产泡沫与宏观调控：境外经验

也历经了多次的大起大落，特别是对香港恢复行使主权之前的价格暴跌和恢复行使主权之后的价格暴涨，都给人们留下了极为深刻的印象。

香港房地产业虽然几经起伏，但一直是香港经济的支柱产业，占GDP的比重达20%以上，是香港经济的"晴雨表"。仅自1946年以来，香港房地产市场就经历了七个发展周期（见表5.6），价格波动起伏。

表5.6　　　　　1946年以来香港房地产业的发展周期　　　　　单位：年

时间段	一	二	三	四	五	六	七
时间段	1946~1959年	1959~1969年	1969~1975年	1975~1985年	1985~2004年	2004~2009年	2009~2016年
周期长	13	10	6	10	19	5	7
繁荣期	11	7	4	7	13	4	5
衰退期	2	3	2	3	6	1	2

从1946年开始至1959年，香港人口激增5倍，从1946年的60万人增至1959年的300多万人，人口增长对房地产市场的需求也推动了房地产建设，李兆基、郭得胜、冯景禧和李嘉诚等后来的房地产巨头开始纷纷涉足房地产业。这个时期香港的房地产业因从战乱中刚刚恢复，百废待兴，房地产业的发展总体上比较缓慢，但房地产市场的发展已经拥有了比较稳固的基础。

1959~1969年，香港地区社会经济稳定向上，工商业和服务业发展也进入了巩固阶段，而印度尼西亚等国家的排华浪潮汹涌，大批华侨举家转港定居，商业和住宅的房地需求都大幅增加。加之香港1966年颁布的限制土地用途的新建筑条例将在1966年实施而导致实施前房地产公司的建筑潮，因此，1965年之前这段时间的房地产市场供求都很热。但不幸的是，超额的银行贷款压碎了还比较脆弱的金融体系，导致银行挤兑和破产，一些房地产商因此而倒闭，香港的房地产业进入了一个4年左右的低潮期。

1969~1975年，香港社会经济条件进一步向好，房地产市场也很快进

房地产业：宏观调控与产业定位

入了复苏和增长阶段。为刺激房地产市场的发展，香港于1972年制定了"十年建屋计划"，投资者的信心因此而迅速恢复，与上个周期靠银行直接融资进行房地产建设不同，这次地产商比较充分地利用了资本市场，通过股票的IPO获得了大量资金，新鸿基及李嘉诚的长江实业成长为香港最优秀的企业。1973年的石油危机和股市暴跌使香港房地产市场再次陷入短暂的低潮，香港地价下跌40%，楼价也下跌了30%~40%。

1975~1985年，香港的社会经济发展到了历史上一个最佳的黄金机遇期，这个阶段也是香港房地产市场发展最快的时期。1976年香港开始修建地铁，使城市土地价值大幅提升，随着石油美元的东移，香港在这个时期逐渐成为世界第三大金融中心，这也为香港房地产业发展提供了强大的资金支持。尤其是1978年中国内地改革开放之后，香港成为中西方经济文化的交汇点，中国内地经济的"引进来"和"走出去"都以香港作为一个重要通道，而以自由经济著称的香港因此而凝聚了全世界的人力、物力和财力，集各种优势于一身，获得了迅速发展。在房地产政策方面，1978年香港推出了"居者有其屋计划"，大量发展普通住宅，不但解决了222.5万普通市民的住房问题，也使香港的房地产市场在分化中走向了完善。1980年香港地区的房地产无论是区位优势还是市场价格都已达到当时的世界领先水平。1982年世界经济危机波及香港，特别是中英两国关于香港问题谈判期间，各种传闻导致香港的房地产价格剧烈波动而陷入战后最大的一次低潮[①]，直到1984年3月，中英两国草签了关于香港前途的联合声明，中央政府恢复行使主权后内地与香港"一国两制"和"基本制度五十年不变"的政策使香港的前途变得明朗之后，香港的房地产业借力于世界经济复苏而迅速从衰退中恢复过来。

1985~2004年，香港的房地产市场交易极为活跃，换手率达到历史最高水平。看好香港发展前景的投资者，特别是中国内地以国有企业为代表的投资者，以及坚定地留在香港的市民和从内地或其他亚洲地区移居来新的需

---

① 据统计，到1982年年底，香港楼价比1981年下跌了60%，而1983年则进一步下跌，期间，地产商损失惨重，小型地产商纷纷倒闭。

第5章　房地产泡沫与宏观调控：境外经验

求者，共同推动了香港房地产市场的繁荣，尤其是20世纪90年代初期，房地产价格飙升，1990年香港的房价平均比1985年上升了3倍以上，而1991~1997年，房价则又上升了5倍左右，房价远远超出普通市民的购买能力，房地产泡沫已经非常明显。1997年，亚洲金融危机爆发，香港房地产泡沫开始破灭，楼价一路下跌，至2004年价格跌去了70%以上，一直作为支柱产业的房地产业终于给香港经济带来了一定的负面影响。

2004~2009年，香港房地产经历了一个短暂的小周期。2003年8月到2004年年初，香港房地产市场逐步回暖，形成了量价齐升的局面，在以美国、日本为代表的发达国家量化宽松政策和以中国内地为代表的货币发行量剧增的推动下，价格增速非常明显，到2008年年初，香港房地产价格已经回升了85%，很多地段的价格超过1997年的高点，创出历史新高。在2008年美国次贷危机引发的金融海啸的波及下，香港房地产市场进入了一个比较短暂的萧条阶段。

2009年至今，香港房地产市场又发生了新一轮的变化，2013年香港不少地段的房地产价格就已经恢复到金融危机前的水平。2014年以来，由于众所周知的原因，随着香港经济的衰退，香港楼市表现非常低迷且前景非常暗淡。香港房地产的成交量从2016年2月开始已经跌至25年来的最低点，而未来的前景也非常不明朗。

作为香港的支柱产业，房地产业在香港的宏观经济周期中被调控是很自然的事情，而实际上，在一些周期内可以清晰地看到香港调控房地产市场的身影，但相比中国内地而言，香港地区对房地产市场调控的针对性强，无论是遏制短期投机的交易税的高与低[①]，还是房地产金融政策的紧与松，土地投放的宽与严，或者直接的保障房供应，都非常有效。

---

① 比如，为了遏制房地产投机，香港特区政府在2010年11月引入了针对短期交易的含有三级税率的额外印花税：购入后6个月或以内转售的交易，税率为该转售交易金额的15%；6个月以上至12个月之间转售，税率为10%；12个月以上至24个月之内转售，税率为5%。

第 6 章

实证分析：北京市房地产业的产业关联与宏观调控

北京市房地产业发展在全国具有典型性和代表性，本章从实证分析的角度，着重从宏观层面量化分析北京市房地产业发展对经济的正向增长和负向损失，为明确该地区房地产业未来的定位和发展方向提供依据。

6.1 北京市房地产业与宏观经济发展历程

6.1.1 北京市房地产业发展历程及现状

(1) 住房制度改革，明确支柱产业地位。1998年我国出现多项改革，包括国有企业改革、住房改革、教育及医疗改革等多方面的重要改革，均获得了不同程度实质性的推进，是中国改革开放中具有重要转折意义的一年。在市场化的引领下，中国逐渐从计划体制的束缚中走出，开始进入市场化发展轨道。1998年以来，随着住房制度的不断深化，中国房地产市场整体出现了飞跃。1998年7月3日，国务院颁布了《国务院关于进一步深化城镇住房改革 加快住房建设的通知》，要求1998年下半年开始停止住房实物分配，同时要大力发展住房金融，扩大个人住房贷款的发放范围等。中国房地

第6章 实证分析：北京市房地产业的产业关联与宏观调控

产业从1998年之前的计划与半计划的住房福利体制转变到了完全市场化的发展阶段。

1999年，国家关于住房工作的设想中明确提出了房地产业发展市场化的要求：要大力拓展市场，房地产调控应以市场为导向，要进一步放开搞活并规范住房市场，在建立严格的市场准入制度的前提下，挖掘住房二级市场的巨大潜力，同时要大力发展住房金融等。

2003年8月，由建设部起草的《关于促进房地产市场持续健康发展的通知》（以下简称《通知》），在房地产再一次高热的情况下，再次指出，要坚持住房市场化的基本方向，不断完善房地产市场体系，更大程度地发挥市场在资源配置中的基础性作用；加快普通商品住房发展，提高其在市场供应中的比例；逐步实现多数家庭购买或承租普通商品房。同时，该《通知》指出，房地产业关联度高，带动力强，已经成为国民经济的支柱产业，因此，要充分认识到房地产市场持续保持健康发展的重要意义。这是国务院首次在文件中明确肯定了房地产业的支柱产业地位。

（2）多项调控措施出台，促进房地产业健康发展。2003年以来，房屋价格持续上扬，大部分城市房屋销售价格上涨明显。国家随之出台了一系列针对房地产业的调控政策。2003～2007年，国家通过限制土地出让方式、调整税收，并采取从紧的货币政策，利用银行利率杠杆辅助房地产市场调控。统计表明，这一期间，央行屡次调整存款准备金率和商业银行贷款基准利率。其中，存款准备金率从6%一直上调到2007年年底的7.47%。仅2007年央行10次上调存款准备金率，5次上调存贷款基准利率，提高第二套房首付及利率；2008年上半年连续5次提高存款准备金率。经过长时段的连续调控，房地产市场在2008年上半年出现了相对的减速迹象。

受美国金融危机和全球性经济低迷的影响，我国经济发展走向下行的风险，房地产业出现缺乏资金、市场销售锐减等迹象与问题。同时，房地产业关联产业如钢铁、水泥、建材、物业服务、金融业受到房地产业低迷影响，不同程度地出现低迷，各产业就业量也开始减少。2008年10月起，政府又公布了多项政策，调控和刺激房地产业发展，从税收、信贷等方面入手稳定

房地产业：宏观调控与产业定位

房地产业，保证国民经济平稳健康发展。

2010年以来，房地产业一直处于高位运行，房价不断上涨，国家相继出台"国十一条"、"新国八条"、不动产统一登记制度等，以限制购买，抑制不合理需求，从紧贷款，稳定房价，遏制房价过快上涨，促进房地产市场健康发展。

2013年年底，许多三四线城市房地产发展出现下行趋势，有些地方政府限购政策取消。

据北京统计局数据显示，2014年1~10月，全市完成房地产开发投资3173.7亿元，比2013年同期增长14.8%（见图6.1）。其中，住宅投资完成1599.3亿元，同比增长15.9%；写字楼投资完成613.5亿元，同比增长31%；商业、非公益用房及其他投资完成960.8亿元，同比增长5%。而1~10月全市商品房销售面积为1030.5万平方米，比2013年同期下降29.2%（见图6.2）。其中，住宅销售面积为802万平方米，同比下降23.3%；写字楼为102.8万平方米，同比下降57.7%；商业、非公益用房及其他为125.7万平方米，同比下降24.4%。房地产业的发展速度开始趋缓。

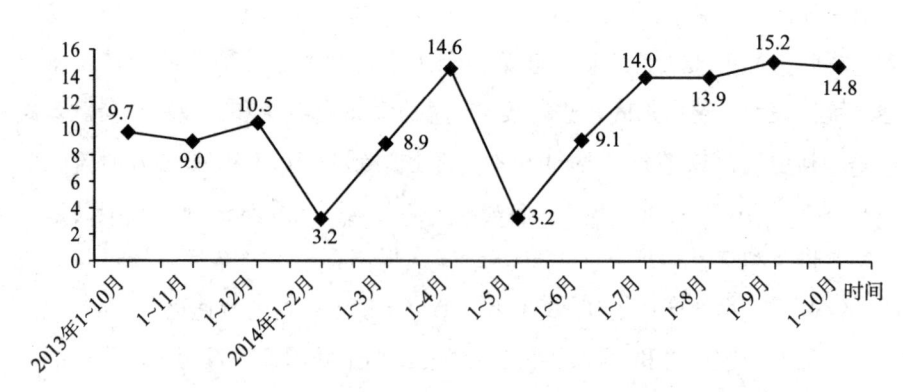

图6.1　北京市2014年1~10月房地产开发投资同比增速

资料来源：北京市统计局网站，http://www.bjstats.gov.cn/

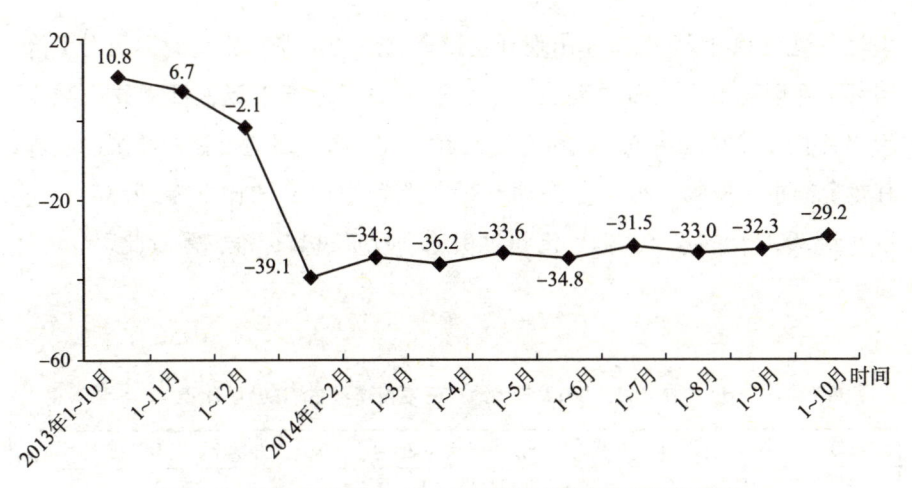

第6章 实证分析：北京市房地产业的产业关联与宏观调控

图6.2 北京市2014年1~10月商品房销售面积同比增速

资料来源：北京市统计局网站，http://www.bjstats.gov.cn/

虽然目前学术界对房地产业是否以及能否作为国民经济的主导产业有很多不同的声音，但是，在国家政府层面，自2003年至今，房地产业一直是国民经济的主导产业。

6.1.2 北京市房地产业运行状态的评判及发展阶段划分

对房地产市场过热发展的衡量正如第2章中谈到的指标，从宏观角度对房地产业发展量化与分析衡量，因此，从投资角度，选取房地产开发投资占GDP比重，衡量房地产市场供给与宏观经济的关系；从交易消费角度，选取房价增长率与GDP增长率之比，以及房价收入比，一方面从房地产价值与国民经济价值的增长比较，另一方面从房价与居民收入之间比较，多角度对房地产发展进行衡量。

（1）房地产开发投资占GDP比重。依据房地产投资中住房投资与经济发展水平之间的规律性关系以及经验，北京市房地产开发投资占GDP的比重应保持在16%左右。因此，从历年北京市房地产开发投资占GDP的份额来看（见表6.1），1995年出现峰值23.4%，紧接着一路走低，在15%左右，自2000年房地产业得到快速发展，房地产投资占GDP比重一路上升，

2004年达到顶峰24.42%，出现开发投资过热的征兆。比重此后虽有下降，但其下降幅度不大，面对高速发展、过热的房地产市场，投资并未减少，2008年由于全球经济危机，房地产投资有所下降，但通过宽松政策的实施，其投资额很快恢复。2013年房地产开发投资占GDP的比重为17.86%，基本回到2000年的水平，但也已超过房地产投资过热标准，需对此引起关注与警惕。

表6.1　　　北京市1995~2012年房地产开发投资额占GDP的比重

年份	GDP（亿元）	房地产开发投资额（亿元）	房地产开发投资占GDP比重（%）
1995	1507.69	352.80	23.40
1996	1789.20	328.20	18.34
1997	2077.09	330.30	15.90
1998	2377.18	377.40	15.88
1999	2678.82	421.50	15.73
2000	3161.66	522.10	16.51
2001	3707.96	783.80	21.14
2002	4315.00	989.40	22.93
2003	5007.21	1202.50	24.02
2004	6033.21	1473.30	24.42
2005	6969.52	1525.00	21.88
2006	8117.78	1719.90	21.19
2007	9846.81	1995.80	20.27
2008	11115.00	1908.70	17.17
2009	12153.03	2337.70	19.24
2010	14113.58	2901.10	20.56
2011	16251.93	3036.30	18.68
2012	17879.40	3153.40	17.64
2013	19500.56	3483.40	17.86

资料来源：《2012年北京市统计年鉴》。

（2）房地产价格增长率与GDP增长率之比。如前所述，房地产价格增长率与GDP增长率之比一般在1以内属于合理范围；1~2为泡沫预警；2

第6章 实证分析：北京市房地产业的产业关联与宏观调控

以上为房地产发展过热。

本章对北京市 1995~2012 年房地产价格增长率与实际 GDP 增长率之比进行分析，从表 6.2 中可以看出，2003 年以前北京房价的增长速度远小于国民经济增长速度，2003 年年底开始房地产行业发展迅速，2004 年商品房销售平均价格涨幅与经济增长率之比达到 0.47，仍是合理范围内，但 2005 年房价大幅上涨，房价增长率与 GDP 增长率之比猛增至 2.84，超过 2 的标准，北京市房地产业发展过热。此后，该比值有涨有落，2007 年和 2010 年都大于 2，开始显现房价虚涨，房价增长速度超过 GDP 的增长速度，房地产业发展过热，需引起警惕。

表 6.2　　北京市 1999~2012 年房价增长率与 GDP 增长率之比

年份	商品房均价（元/平方米）	房价增长率（%）	实际 GDP（1999=100）（亿元）	实际 GDP 增长率（%）	房价增长率与 GDP 增长率之比
1999	5647.00	—	2678.82	—	—
2000	4919.00	-12.89	2994.92	11.80	-1.09
2001	5062.00	2.91	3345.33	11.70	0.25
2002	4764.00	-5.89	3730.04	11.50	-0.51
2003	4737.00	-0.57	4144.07	11.10	-0.05
2004	5052.93	6.67	4728.39	14.10	0.47
2005	6788.09	34.34	5300.52	12.10	2.84
2006	8279.51	21.97	5989.59	13.00	1.69
2007	11553.26	39.54	6858.08	14.50	2.73
2008	12418.00	7.48	7482.17	9.10	0.82
2009	13799.00	11.12	8245.35	10.20	1.09
2010	17782.00	28.86	9094.62	10.30	2.80
2011	16851.95	-5.23	9831.28	8.10	-0.65
2012	17021.63	1.01	10588.28	7.70	0.13

资料来源：国家统计局网站，http://www.stats.gov.cn/；《2012 年北京市统计年鉴》。

（3）房价收入比。如第 2 章所描述，国际上衡量房价收入比的标准为 3~6，由于各国国情不同，发展阶段不同，统计口径存在差异，计算方法的不同，并不适合于每一个国家、每一个地区。

杨永华（2006）以100平方米和80平方米两种面积计算了我国1991～2004年房价收入比，发现100平方米的房价收入比在1991～1993年处于上升态势，1993年以后，由19.1一直下降到8.4；而80平方米计算的房价收入比1991～1993年也呈现上升趋势，由13.4上升到15.3，1997年又由1996年的11.6上升到12.3，此后一路下滑至2004年的6.8。研究发现，我国整体房价收入比在1995年后快速下滑，正向国际公认标准3～6倍靠近。

刘莉亚、苏毅（2005）研究发现，1995～2004年上海市的房价收入比一直在10以上，远远超过国际上通常认为的3～6倍合理水平，认为上海的房价存在不合理的因素。

《社会建设蓝皮书》（2010）中指出，2008年北京城镇居民人均可支配收入24725元，户均可支配收入64285元。以北京市住房市场2008年出售商品住宅平均面积110.7平方米和2009年13940元/平方米的均价计算，购买这样的一套房需要154万元，相当于一般家庭24年的可支配收入。按照2009年11月的平均价格17810元/平方米计算，购买90平方米的普通商品住房需要支付160万元，相当于一般家庭25年的可支配收入。北京居民的房价收入比为25∶1。

笔者认为，城镇人均住宅面积是不断变动的，不应当把平均住房面积固定为某个数，应选取每年的人均住宅面积，动态反映每年的房价收入比。同时，考虑到数据统计口径的不同，我们更关注的是房价收入比的发展趋势。具体计算公式如下：

房价收入比 = 每套住房平均价格总额/居民家庭平均年收入

= 平均住房单价×人均住房面积×平均家庭人口数/居民人均个人可支配收入×平均家庭人口数

= 住宅商品房单位面积价格×城镇人均住宅面积/城镇居民人均年可支配收入

就城镇居民人均住房建筑面积数据的取得，在2002～2005年建设部综合财务司及住宅与房地产业司，两司每年都会公布《城镇房屋概况统计公

第6章 实证分析：北京市房地产业的产业关联与宏观调控

报》，自2006年以后两司不再公布该公报。根据公报，北京市2002～2005年人均住宅建筑面积分别为26.41平方米、24.77平方米、25.12平方米以及32.86平方米。

而根据北京市统计局每年公布的《国民经济和社会发展统计公报》中，对人民生活保障居民住房的统计公告，虽有年份公布了人均住房建筑面积，但更多的年份是城镇居民人均住房使用面积。根据《城镇房屋概况统计公报》、《国民经济和社会发展统计公报》及搜房网相关数据，分析整理得到北京市每年的城镇居民人均住房建筑面积，具体数据及房价收入比指标数据见表6.3。

表6.3　　　　　　　　北京市2002～2012年房价收入比

年份	住宅商品房平均销售价格（元/平方米）	城镇人均住房面积（平方米）	城镇居民人均可支配收入（元）	房价收入比
2002	4467.00	26.41	12463.90	9.47
2003	4456.00	24.77	13882.60	7.95
2004	4747.14	25.12	15637.80	7.63
2005	6162.13	32.86	17653.00	11.47
2006	7375.41	30.76	19977.50	11.36
2007	10661.24	28.66	21988.70	13.90
2008	11648.00	28.74	24724.90	13.54
2009	13224.00	28.81	26738.50	14.25
2010	17151.00	29.04	29072.90	17.13
2011	15517.90	29.04	32903.00	13.69
2012	16553.48	29.26	36468.80	13.28

资料来源：国家统计局网站（http://www.stats.gov.cn/）；建设部2002～2005年《城镇房屋概况统计公报》；北京市统计局（http://www.bjstats.gov.cn/）；搜房网经整理。

从计算结果可以发现，北京市房价收入比在2002～2012年均超过国际上通常的标准3～6倍，在2003年和2004年北京市房价收入比有下降趋势，最低也有7.63倍。而2005年比值大幅上涨，由2004年的最低7.63增至2005年的11.47，此后开始一路攀升，2011年增至13.69，2012年小幅回落。

2005年房价收入比的大幅增长，究其原因，其一，2004年3月，国土资源部及监察部联合下发《关于继续开展经营性土地使用权招标拍卖挂牌出让情况执法监察工作的通知》，要求自2004年8月31日起，所有经营性土地一律公开竞价出让。此通知的出台，地价及房价开始上涨，2005年房价涨幅增加，随着房地产业投资开发的大量投入，居民人均住房建筑面积也出现大幅上涨，人均比2004年增长7.74平方米。其二，虽2005年国家出台"国八条"及"新国八条"，为稳定住房价格，解决房地产投资规模过大、价格上涨幅度过快等问题，但宏观调控政策并没有明显效果，房价依旧呈现上涨态势。

6.1.3　北京市房地产发展阶段划分

根据前面对北京市房地产开发投资额占GDP的比重、北京市1995~2012年房价增长率与GDP增长率之比以及房价收入比的计算，根据三者的变动趋势、判断标准以及宏观政策调控等，综合评价北京市房地产业的发展，对北京市房地产业的发展阶段进行划分。

鉴于北京作为中国的首都，作为特大城市，具刚性需求大、住房自有率高等特殊国情，不能单纯地依靠国际指标衡量北京市房地产业发展是否过热，对于房地产开发投资额占GDP的比重采用上文提到的16%标准；房价增长率与GDP增长率之比采用2倍的衡量指标；而房价收入比的计算方法不同，统计口径不同等的特殊因素，我们更加关注的是比值的走势、拐点等情况；且我国的房地产业发展不只是市场的作用结果，多种宏观调控政策的出台对北京市房地产业的发展也有相应的影响，我们需要综合考虑市场及宏观调控情况，合理地对北京市房地产业的发展划分阶段。指标变动趋势分别见图6.3和图6.4。

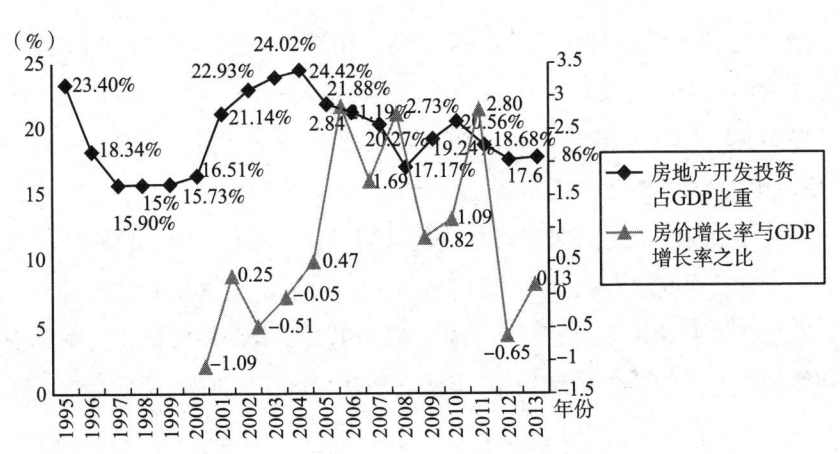

第6章 实证分析：北京市房地产业的产业关联与宏观调控

图 6.3 北京市房地产开发投资占 GDP 比重及房价增长率与 GDP 增长率之比

图 6.4 北京市 2002~2012 年房价收入比

（1）北京市房地产业高速发展阶段（2000~2004 年）。从图 6.3 中走势看出，2000~2004 年北京市房地产业开始迅速发展，房地产业投资大幅增加，房地产业开发投资额占 GDP 的比重，由 1999 年低于 16% 标准的 15.73%，一路攀升到 2004 年的峰值 24.42%，虽指标大于标准，但其是由于发展前期的必要投资所致；房价增长率与 GDP 增长率之比在这 5 年间也总体呈现上升趋势，由 2000 年的 -1.09 上升到 2004 年的 0.47，仍在小于 2 的合理范围之内；房价收入比在 2002~2004 年也有小幅下降；从宏观政策看，2003年国务院文件中首次明确指出，房地产业关联度高，带动力强，已经成为国民经济的支柱产业。明确肯定了房地产业的支柱产业地位，房地产业在2004年也有大幅度发展。从总体来看，2000~2004年的5年内，房地产业处于高速发展、上升阶段，但仍处于合理发展阶段。

（2）北京市房地产业发展过热阶段（2005~2010年）。继2004年的大规模投资，开发程度加大，2005年北京市房地产业发展进入了新的阶段，房地产开发投资额占GDP比重有下降趋势，但是仍大于16%的标准；价格更是有大幅度的上升，2005年北京市房价收入比出现拐点，从2004年的7.63一跃升到11.47，并在2005~2010年间一直呈现上升趋势，在2010年达到近10年的最大值17.13；且房价增长率与GDP增长率之比在2005年比2004年增长了2.37，达到2.84的峰值，超过标准值2，而2005~2010年间该比值升降波动大，究其原因，主要是因为政府的宏观调控政策作用以及宏观经济的影响。

2005年，面对发展过热的房地产业，国家出台了"国八条"，将稳定房价作为2005年物价工作的重点；2005年10月，国家税务总局下发的《关于实施房地产税收一体化管理若干问题的通知》规定，个人出售自有住房取得的所得，应按"财产转让所得"项目计征20%的个人所得税；2006年中央又进一步出台了"国六条"、"国十五条"，规定对个人将购买不足5年的住房对外销售实行全额征收营业税；一系列宏观调控政策的出台，使2006年房价增长率与GDP增长率的比值有所下降，但房价依然是上涨的。2008年的全球金融危机，使北京市房地产业的发展也受到影响，国家此时将货币政策从紧缩转为适度宽松，支持房地产业发展，扩大内需，推动经济增长，并在2009年基本实行积极宽松的财政金融政策，13年来首次下调商品房项目资本金比例，从35%调低至20%。房地产业开发投资额在2008~2010年也相应增加，通过宏观调控以及经济的复苏，2010年北京市房地产业发展再度加热，房价增长率与GDP增长率之比达到2.80的峰值，房价收入比更是达到17.13的最大值。

（3）北京市房地产业发展回归阶段（2011~2012年）。面对2010年的房地产业发展过热状态，国家在2010~2012年间限制购买，抑制不合理需求，从紧贷款，旨在稳定房价、遏制房价过快上涨，促进房地产市场健康发

第6章 实证分析：北京市房地产业的产业关联与宏观调控

展。国务院出台了严厉的"国十条"，严格二套房贷管理，首付不得低于40%，加大房地产贷款窗口指导等；2010年4月30日北京市出台《北京市人民政府贯彻落实国务院关于坚决遏制部分城市房价过快上涨文件的通知》，严格抑制需求、从紧贷款，明确要求对第三套及以上住房和不能提供1年以上北京市纳税证明或社会保险缴纳证明的非北京市居民暂停发放购房贷款，且自政策发布之日起，同一购房家庭只能新购一套商品住房等政策；2011年，国务院出台"新国八条"；2月16日，北京公布"京十五条"，从2011年5月1日起对已有一套房的本市居民限购一套房，已有两套房的本地人和已有一套房的外地人暂停购房。

从图6.3和图6.4中发现，北京市房地产开发投资占GDP比重、房价增长率与GDP增长率之比以及房价收入比均是下降趋势，房价增长率与GDP增长率之比2011年跌至负值，2012年也仅为0.13。因此，综合评价发现，2011~2012年北京市房地产业发展进入回归合理发展阶段。

6.1.4 北京市房地产业与经济增长的互动发展历程

选取2000~2012年的数据，以GDP代表经济增长情况，房地产增加值代表房地产业的发展，从图6.5中可以看出，经济增长的整体走势与房地产业发展有大致相同的趋势，都呈现稳步增长的态势。但是，房地产业波动要大于整体经济增长，当房地产业增加值增长速度降低甚至增加值降低时，经济的整体增长速度也有所下降。

从图6.6中两者的增长速度来看，在2002~2007年房地产业快速发展阶段，经济的增长速度也不断增加，两者增速的走势基本一致；而2008年是房地产业增长与经济增长的一个拐点，房地产业增加值几乎不变，增速很小，相应地，经济增长的增速也下降；2009年，国家对房地产发展采取鼓励政策，给房地产业发展带来回升，而整体的经济增长依然是增速下降阶段；2010年房地产业增长速度下降，经济的整体增长速度回升，体现出房地产波动在先、经济增长波动随后的情况。2011~2012年房地产业增加值增速回增，并没有带来经济的整体增速增加，初步来看，房地产业的发展对

房地产业：宏观调控与产业定位

宏观经济的整体增长影响程度没有前些年直接，但影响还是存在的。因此，房地产业作为支柱产业，对整体经济增长有着不可忽视的影响，其稳定发展对宏观经济稳定也具有重要的作用。

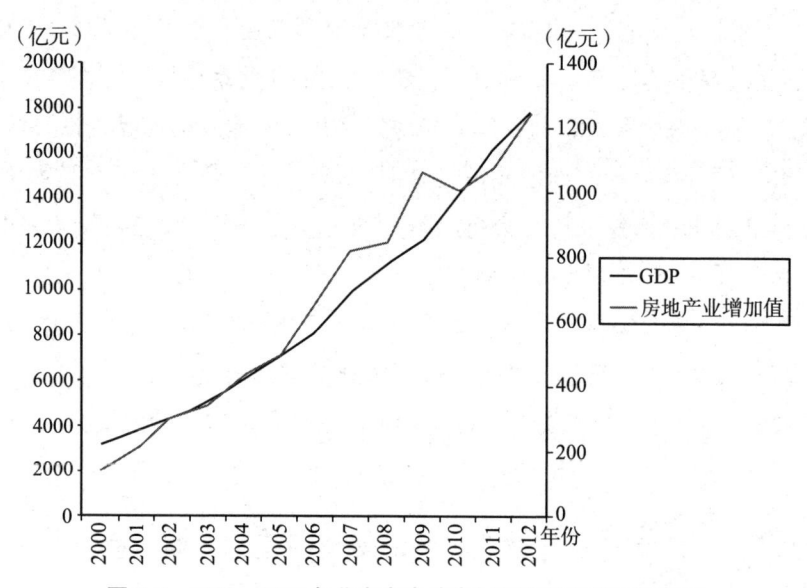

图6.5 2000~2012年北京市房地产与经济增长的互动历程

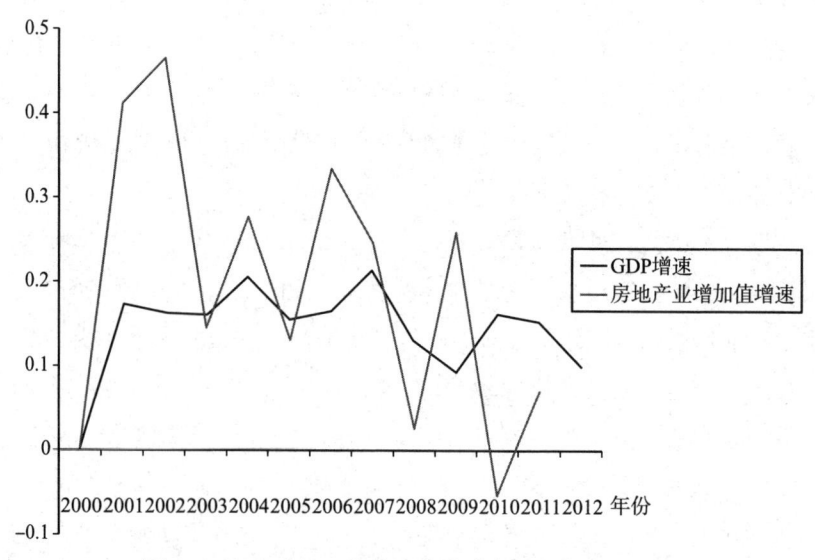

图6.6 2000~2012年北京市房地产与经济增长增速

第6章 实证分析：北京市房地产业的产业关联与宏观调控

6.2 北京市房地产业对经济增长的拉动效果分析

房地产业的健康发展会带动众多产业发展，从而促进国民经济增长。但是，房地产业过热发展却会导致房地产业及其相关产业乃至宏观经济剧烈波动。但房地产业对国民经济的影响除了体现在对产业链上不同产业的影响和波及，还体现在该产业对国民经济的贡献以及拉动效率上，因而测算房地产业对国民经济的贡献率以及拉动率，实际上是定量反映房地产业在国民经济中地位的一个指标。

6.2.1 北京市房地产业对经济增长直接拉动效果实证分析：增长值法

（1）数据处理。国民生产总值（GDP）存在按当年价格计算的现价GDP以及按不变价格计算的不变价GDP之分。其中，按照当年价格计算的现价GDP，是指按当年实际价格计算的国民经济各部门所生产的产品或者服务价值总和，所反映的是当年的实际情况；而按照不变价格计算的不变价GDP，是指以某年为基期，剔除了通货膨胀、价格因素的影响而计算的GDP。

故为准确衡量，本书以2000年为基期，剔除价格变动因素，分别计算出2000~2012年北京市不变价GDP和不变价房地产增加值（见表6.4），并在此基础上计算出不变价GDP的增量变动额及不变价房地产业增量的变动额，进一步计算出2000~2012年北京市房地产业对国民经济的直接贡献度。

表6.4　以2000年为基期2000~2012年北京市GDP与房地产业增加值不变价表

年份	GDP（亿元）	房地产业增加值（亿元）	指数（2000=100）	当年GDP平减指数	实际GDP（亿元）	不变价房地产业增加值（亿元）
2000	3161.66	144.01	100.00	1.00	3161.66	144
2001	3707.96	203.55	111.70	1.05	3531.57	194

续表

年份	GDP（亿元）	房地产业增加值（亿元）	指数（2000＝100）	当年GDP平减指数	实际GDP（亿元）	不变价房地产业增加值（亿元）
2002	4315.00	298.02	124.55	1.10	3937.71	272
2003	5007.21	341.88	138.37	1.14	4374.79	299
2004	6033.21	436.11	157.88	1.21	4991.64	361
2005	6969.52	493.73	176.98	1.25	5595.62	396
2006	8117.78	658.3	199.99	1.28	6323.06	513
2007	9846.81	821.5	228.99	1.36	7239.90	604
2008	11115.00	844.59	249.83	1.41	7898.73	600
2009	12153.03	1062.47	275.31	1.40	8704.40	761
2010	14113.58	1006.52	303.67	1.47	9600.95	685
2011	16251.93	1074.93	328.27	1.57	10378.63	686
2012	17879.40	1244.17	353.54	1.59	11177.77	781

资料来源：《2013年北京市统计年鉴》。

（2）增长值法直接贡献率实证分析。表6.5显示，2000~2012年北京市房地产业对国民经济的直接贡献度有较大波动，可以用"三起三落"描述。在2002年北京市房地产业直接贡献率达到峰值19.23%，随着2003年国家政策对房地产业的鼓励，2004年北京市房地产业得到了快速的发展；2005年起北京市房地产业发展过热，并在2008~2009年为应对金融危机保增长，国家对房地产业实施了较宽松政策，使其贡献度得到第二次快速上升，2009年北京市房地产业直接贡献率达到近十年的最大值19.96%；2011~2012年虽然国家采取了限购令等宏观调控，但其贡献度较2010年呈现出走高趋势，2012年达到11.43%。

表6.5　　　　　2000~2012年按不变价格计算的北京市
房地产业对国民经济的直接贡献率

年份	实际GDP（亿元）	生产总值变动额	不变价房地产业增加值（亿元）	房地产业增加值变动额	房地产业贡献率（%）
2000	3161.66		144		
2001	3531.574	369.9142	194	50	13.48

第6章 实证分析：北京市房地产业的产业关联与宏观调控

续表

年份	实际GDP（亿元）	生产总值变动额	不变价房地产业增加值（亿元）	房地产业增加值变动额	房地产业贡献率（%）
2002	3937.705	406.131	272	78	19.23
2003	4374.791	437.0853	299	27	6.12
2004	4991.636	616.8455	361	62	10.07
2005	5595.624	603.988	396	36	5.89
2006	6323.055	727.4311	513	116	16.00
2007	7239.898	916.843	604	91	9.95
2008	7898.729	658.8307	600	-4	-0.58
2009	8704.399	805.6703	761	161	19.96
2010	9600.952	896.5531	685	-76	-8.51
2011	10378.63	777.6771	686	2	0.23
2012	11177.77	799.1383	777.8	91	11.43
均值					8.61

资料来源：《2013年北京市统计年鉴》数据整理可得。

而明显的下降点分别出现在2005年、2008年和2010年（见图6.7）。由于"8.31"大限、"国五条"等调控政策使2005年贡献度急速回落到5.89%；2008年贡献度甚至跌至负数，主要受全球金融危机的影响，北京市房地产业也一度萧条，再加上2008年奥运会在北京召开，北京市房地产业在很长一段时间限制施工，对房地产业的发展影响较大；在2010年贡献度更是飞速跌至-8.51%，这主要是对国家宏观调控政策的反映，2010年北京市实行了严格的房屋限购政策，使得住宅市场呈现萧条状态，也使得房地产业的贡献度大幅下降。

对2000~2012年北京市房地产业对国民经济的直接贡献率取平均值，得8.61%，表示在这十二年间，北京市房地产业对国民经济增长中，GDP每增长100单位，房地产业平均直接贡献8.61单位。

房地产业：宏观调控与产业定位

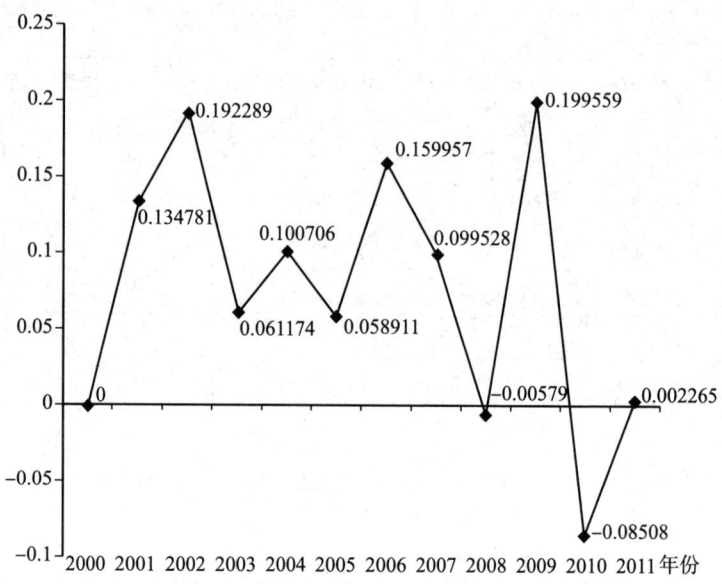

图 6.7 2000～2012 年北京市房地产业直接贡献率

6.2.2 增长拉动率法测算直接贡献率

根据《2013 年北京市统计年鉴》相关数据，计算整理可得 2000～2012 年北京市房地产业增加值及 GDP 不变价格，基于公式：

$$\Delta GDP/GDP = (\Delta M1/M1) \times (M1/GDP) + (\Delta M2/M2) \times (M2/GDP) + \cdots + (\Delta Mn/Mn) \times (Mn/GDP)$$

计算可得北京市房地产业对国民经济增长的拉动率（见表 6.6）。

表 6.6　　　　　北京市房地产业对国民经济增长的拉动率

年份	实际GDP	不变价房地产业增加值（亿元）	房地产业增加值/GDP	房地产业增长率（%）	GDP增长率（%）	增长拉动率（%）
2000	3162	144	0.046			
2001	3532	194	0.055	34.62	11.70	1.901
2002	3938	272	0.069	40.28	11.50	2.782
2003	4375	299	0.068	9.83	11.10	0.671

第6章 实证分析：北京市房地产业的产业关联与宏观调控

续表

年份	实际GDP	不变价房地产业增加值（亿元）	房地产业增加值/GDP	房地产业增长率（%）	GDP增长率（%）	增长拉动率（%）
2004	4992	361	0.072	20.80	14.10	1.503
2005	5596	396	0.071	9.86	12.10	0.699
2006	6323	513	0.081	29.35	13.00	2.380
2007	7240	604	0.083	17.80	14.50	1.485
2008	7899	600	0.076	-0.63	9.10	-0.048
2009	8704	761	0.087	26.79	10.20	2.342
2010	9601	685	0.071	-10.02	10.30	-0.715
2011	10379	686	0.066	0.26	8.10	0.017
2012	11178	778	0.07	13.31	7.70	0.926
均值			0.070	0.16	11.12	1.162

资料来源：《2013年北京市统计年鉴》整理可得。

根据表6.6和图6.8可以看出，2000~2012年，北京市房地产业对国民经济的增长拉动率与增加值法测算的直接贡献率类似，均呈现出明显的震荡特点。2002年达到峰值2.782%，表明在11.10%的经济增长率中，有2.782%是来自房地产业的贡献。面对2008年全球经济危机对整体经济形势的影响，房地产业产值也较2007年有小幅减少，出现负增长，因此，2008年北京市房地产业对国民经济的增长拉动率出现负值。为了带动经济增长，一系列宽松政策的实施使2009年房地产业产值大幅增加，对经济的增长拉动率也由负转正。而政府在2010年面对发展过热的房地产业采取了严厉的宏观调控政策，房地产业增加值减少，经济增长拉动率跌至谷底-0.715%。从近十二年均值水平看，在11.12%的平均经济增长中，有1.162个百分点是由房地产业贡献的。

房地产业：宏观调控与产业定位

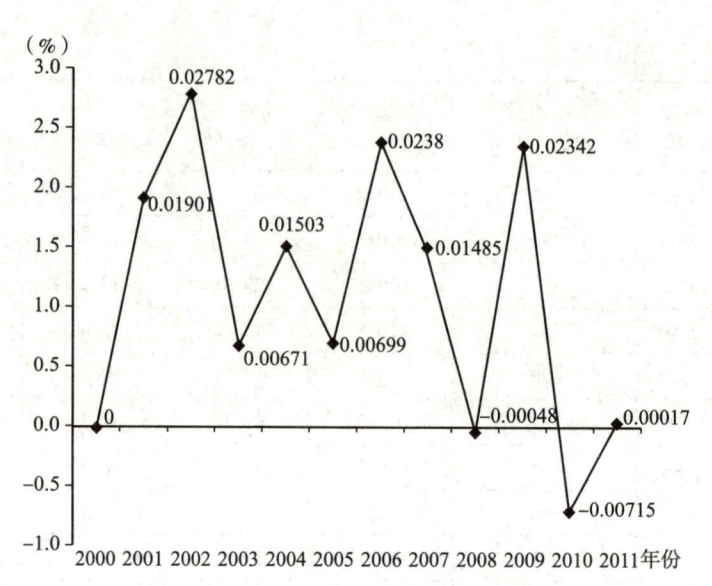

图 6.8　2000~2012 年北京市房地产业对 GDP 的增长拉动率

6.2.3　线性回归模型测算房地产业对国民经济增长的弹性系数

（1）北京市房地产业增加值与 GDP 线性关系实证分析。根据《北京市统计年鉴》数据整理分析，以 2000 年作为基期，剔除通货膨胀影响，以不变价房地产业增加值与不变价 GDP 作折线图，更直观地观察两者之间是否存在线性关系，如图 6.9 所示。

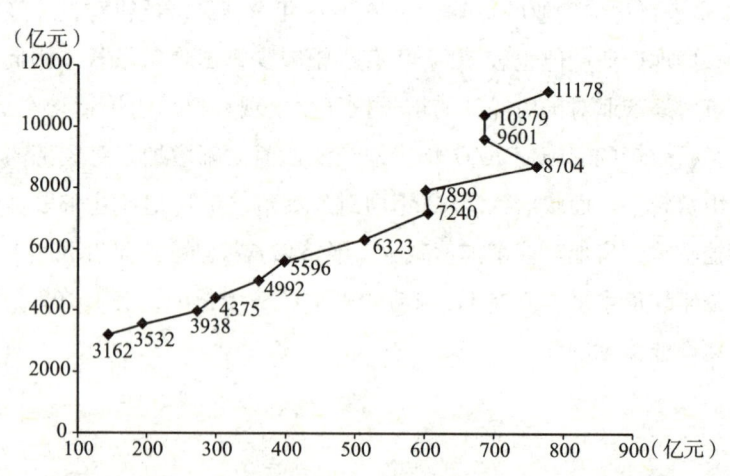

图 6.9　2000~2012 年北京市房地产业增加值与 GDP 关系图

第6章 实证分析：北京市房地产业的产业关联与宏观调控

从图 6.9 中可以看出，北京市房地产业增加值与 GDP 有着明显的线性相关关系，可以用线性回归方法进行分析。设定 GDP 作为被解释变量，房地产业增加值作为解释变量，运用回归数据分析，计算机输出结果见表 6.7。

表 6.7　北京市房地产业增加值与国民经济 GDP 线性回归分析

回归统计	
Multiple R	0.963289
R Square	0.927927
Adjusted R Square	0.921374
标准误差	757.6822
观测值	13

方差分析	df	SS	MS	F	Significance F
回归分析	1	81302684	81302684	141.622	1.27E-07
残差	11	6314906	574082.4		
总计	12	87617590			

	Coefficients	标准误差	t Stat	P-value	Lower 95%	Upper 95%	下限 95.0%	上限 95.0%
Intercept	929.8219	527.3597	1.763165	0.105593	-230.889	2090.533	-230.889	2090.533
X Variable 1	11.89138	0.999233	11.9005	1.27E-07	9.692084	14.09068	9.692084	14.09068

根据输出结果，可以得到回归方程式：

$$GDP = 933.9703 + 11.89138 REGDP$$

其中，REGDP 为房地产业增加值。该弹性系数 11.89138 的经济意义表示，房地产业增加值每增加 1 单位，可带动国民经济增长 11.89138 个单位，可见房地产业对国民经济的带动作用十分显著。

（2）拉动效率分析。通过相关数据整理，2000~2012 年北京市房地产业增加值占 GDP 的平均比重为 7%，其拉动效率计算结果如下：

q(REGDP) = D(REGDP)/S(REGDP) = 11.89138/7 = 1.6878

由此可见,房地产业的产出对国民经济的拉动作用是非常积极的,拉动效率超过了1,因此,房地产业的发展是刺激经济活动的重要手段,能够高效率地拉动国民经济的增长。

6.2.4 结果分析与评价

从三种方法分别计算发现,综合来看,近十二年房地产业发展对国民经济增长贡献率大。

通过增长值法计算房地产业贡献率,2000~2012年北京市房地产业对国民经济的直接贡献率平均值为8.61%,十二年间,北京市房地产业对国民经济增长,平均GDP每增长100单位,房地产业平均直接贡献8.61单位。增长拉动率法计算发现,从近十二年均值水平看,在11.12%的平均经济增长中,有1.162个百分点是由房地产业贡献的。最后,线性回归分析得出,拉动效率超过1,房地产业产出对国民经济的拉动作用是非常积极的。因此,综合十二年发展平均情况,房地产业的发展是刺激经济活动的重要手段,能够高效率地拉动国民经济的增长。

6.3 北京市房地产业高位运行对经济增长的损失量化分析

根据前文分析,北京市房地产业在2000~2004年处于快速发展阶段,但仍处于合理范围内;2005~2010年北京市房地产业发展过热;2010年及2012年国家相关的宏观调控政策等的实施,北京市房地产业的发展回归合理范围。下文将就北京市房地产业增加值对国民经济的增长贡献率以及拉动效率分阶段进行衡量以及比较,就北京市房地产业发展过热对国民经济增长的危害进行量化比较分析。

第6章 实证分析：北京市房地产业的产业关联与宏观调控

6.3.1 不同阶段房地产业对国民经济增长的影响分析

（1）增加值法分阶段测算分析。为准确衡量以及可比性，仍以2000年作为基期，将国民生产总值及房地产业增加值转换为不变价GDP及不变价房地产业增加值。计算结果见表6.8。

表6.8　北京市房地产业发展不同阶段对国民经济的贡献率　　单位：%

阶段划分	年份	房地产业贡献率	房地产业平均贡献率
2000~2004年快速发展阶段	2000		12.22
	2001	13.48	
	2002	19.23	
	2003	6.12	
	2004	10.07	
2005~2010年发展过热阶段	2005	5.89	7.12
	2006	16.00	
	2007	9.95	
	2008	-0.58	
	2009	19.96	
	2010	-8.51	
2011~2012年发展回归阶段	2011	0.23	5.83
	2012	11.43	

资料来源：《2013年北京市统计年鉴》整理可得。

从表6.8中分阶段对北京市房地产业对GDP的直接贡献率计算可以发现，北京市房地产业在2000~2004年快速发展阶段平均贡献率最大，而在2005~2010年发展过热、房价快速上涨期间，对国民经济增长的贡献率远小于合理发展阶段；在2010年及2012年，受国家宏观调控政策等的影响，房地产业的发展对国民经济增长的贡献呈现下降态势。

（2）增长拉动率法分阶段测算分析。通过计算分析，北京市房地产业分阶段对国民经济增长拉动率的测算结果与增长值测算所得直接贡献率结论一致。2000~2004年快速发展阶段，对经济增长的拉动率最大；2005~2010

年发展过热阶段,拉动率有明显的下降;2011~2012年,在政策调控下,房地产业发展在逐步回归正常发展,但其拉动率仍然很低。具体见表6.9。

表6.9　北京市房地产业发展不同阶段对国民经济的增长拉动率　　单位:%

阶段划分	年份	增长拉动率	平均增长拉动率
2000~2004年 快速发展阶段	2000		1.714
	2001	1.901	
	2002	2.782	
	2003	0.671	
	2004	1.503	
2005~2010年 发展过热阶段	2005	0.699	1.024
	2006	2.380	
	2007	1.485	
	2008	-0.048	
	2009	2.342	
	2010	-0.715	
2011~2012年 发展回归阶段	2011	0.017	0.472
	2012	0.926	

资料来源:《2013年北京市统计年鉴》整理可得。

(3) 分阶段线性回归分析增长拉动效率。仍以2000年作为基期,对三个阶段北京市房地产业增加值与国民经济的关系进行线性回归分析,并计算其拉动效率。

由散点图6.10知,2000~2004年房地产业增加值与GDP之间存在明显的线性关系,对其进行线性回归后,可得其线性回归方程:

GDP = 1913.507 + 8.2166REGDP(REGDP为房地产业增加值)(2000~2004年)

弹性系数为8.2166,表示房地产业增加值每增加1单位,可带动国民经济增长8.2166个单位。通过相关数据整理,2000~2004年北京市房地产业增加值占GDP的平均比重为6.2%,因此,其拉动效率计算结果如下:

$q(REGDP1) = D(REGDP1)/S(REGDP1) = 8.2166/6.2 = 1.325$

第6章 实证分析：北京市房地产业的产业关联与宏观调控

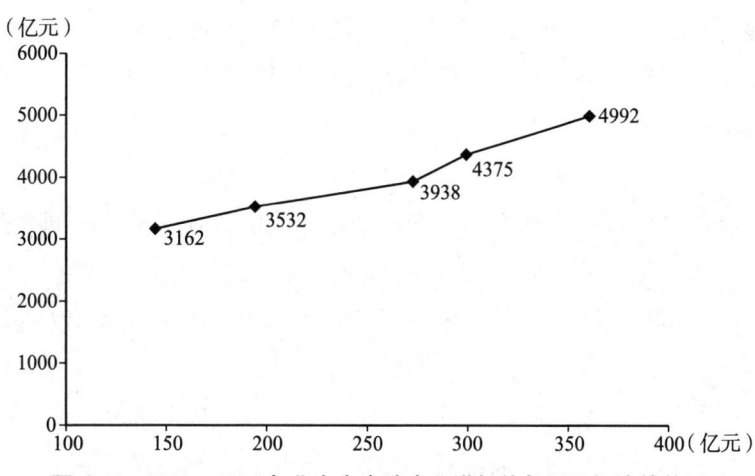

图6.10 2000~2004年北京市房地产业增加值与国民经济的关系

由散点图6.11可知，2000~2004年北京市房地产业增加值与GDP之间存在线性关系，但2010年的拐点对其回归分析存在影响，若对其进行直接线性回归则忽略了房地产与GDP的发展时间关系，故应剔除2010年的数据，剔除时间因素对其回归分析的影响。数据处理后，对其进行线性回归，可得其线性回归方程：

GDP = 1913.507 + 8.9042 REGDP（REGDP为房地产业增加值）（2005~2010年）

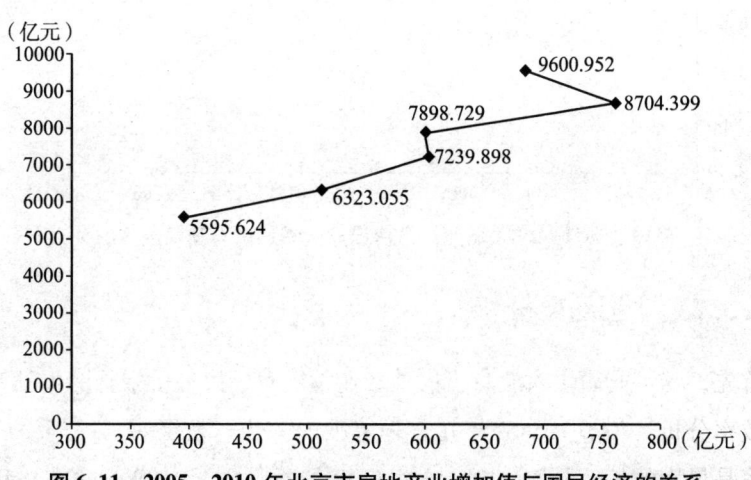

图6.11 2005~2010年北京市房地产业增加值与国民经济的关系

弹性系数为 8.9042，表示房地产业增加值每增加 1 单位，可带动国民经济增长 8.9042 个单位。通过相关数据整理可得，2005～2010 年北京市房地产业增加值占 GDP 的平均比重为 7.8%，因此，其拉动效率计算结果如下：

q(REGDP2) = D(REGDP2)/S(REGDP2) = 8.9042/7.8 = 1.136

由散点图 6.12 知，2011～2012 年房地产业增加值与 GDP 之间存在明显的线性关系，对其进行线性回归后，可得其线性回归方程：

GDP = 4374.394 + 8.7467 REGDP（REGDP 为房地产业增加值）（2011～2012 年）

弹性系数为 8.7467，表示房地产业增加值每增加 1 单位，可带动国民经济增长 8.7467 个单位。通过相关数据整理可得，2000～2004 年北京市房地产业增加值占 GDP 的平均比重为 6.8%，因此，其拉动效率计算结果如下：

q(REGDP3) = D(REGDP3)/S(REGDP3) = 8.7467/6.8 = 1.289

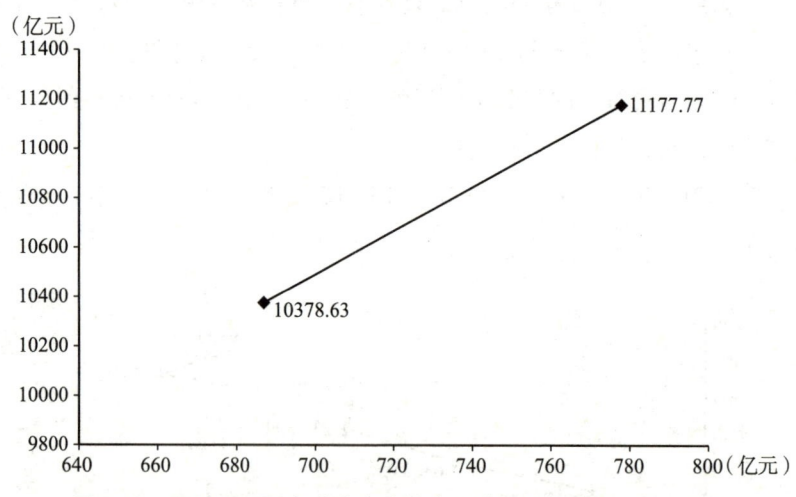

图 6.12　2011～2012 年北京市房地产业增加值与国民经济的关系

6.3.2　实证结果分析

首先，从不同阶段对北京市房地产业发展对国民经济增长的贡献率以及拉动效率分析，2000～2004 年在合理范围内的快速发展对国民经济的平均贡献率是最大的，达到 12.22%，对 GDP 的贡献明显；2005～2010 年北京

第6章 实证分析：北京市房地产业的产业关联与宏观调控

市房地产业的过热发展阶段，并没有带来国民经济的快速增长，其对 GDP 的贡献率降至 7.12%；而在回归阶段，其贡献率更低，为 5.83%。根据前面房地产业投资分析，在其前期快速发展阶段，投资额在 GDP 中必定有较大比重（见表 6.10），在其后期发展阶段投资减少。综合来看三个阶段划分指标，在 2005~2010 年发展过热阶段，其投资额占 GDP 比重平均值，虽比 2000~2004 快速发展阶段低 1.75 个百分点，但其房价增长率与 GDP 增长率之比平均值比快速发展阶段有 2.1 的上升，投资、消费都是拉动经济增长的马车之一，这两者在房地产发展阶段的变化，对经济增长的影响，从数据看此消彼长。因此，在发展过热阶段贡献率的降低可以排除其自身发展阶段的影响，并确定是由发展过热所致。而对于 2011~2012 年的回归阶段，一方面房地产投资与 GDP 比重较第一阶段（快速发展阶段）有 3.74% 的下降，另一方面房价增长率与 GDP 增长率之比的平均值与第一阶段相比，也有着 0.08 的降低，比发展过热阶段更是有着 2.25 的降低，因此，在第三阶段即发展回归阶段，因行业发展的自身发展阶段特征，其对经济的贡献率并没有恢复到正常发展阶段的高度，而是有下降趋势。

表 6.10　　　　　　　各阶段指标平均值汇总

阶段划分	房地产开发投资占 GDP 比重平均值	房价增长率与 GDP 增长率之比平均值	房价收入比平均值
2000~2004 年（快速发展阶段）	21.80%	-0.186	8.350
2005~2010 年（发展过热阶段）	20.05%	1.995	13.608
2011~2012 年（发展回归阶段）	18.06%	-0.260	13.485

其次，增长拉动率实证数据分析结果与增长值法分析所得贡献率有着相同的结果，过热发展阶段增长拉动率较 2000~2004 年增长拉动率要小 0.6 个百分点，其过热发展对经济增长的拉动效果有着明显的负面效应。2011~2012 年，面对发展过热的北京市房地产业，国家从 2010 年起便提出一系列

宏观调控政策，但是，政策的实施及效果有滞后效应，在 2011 年和 2012 年的北京市房地产业发展中，房地产业逐渐回归正常发展，其产出对国民经济的增长拉动率有着明显下降，其主要是政策及自身发展阶段的影响。

最后，在线性回归模型中，拉动效率的计算结果表明，在第一阶段快速发展时期，拉动效率为 1.325；第二阶段的过热发展，拉动效率明显下降，只有 1.136，与增长拉动率减小的结论一致；在第三阶段，拉动效率为 1.289，较之过热发展阶段有回升，但仍未达到快速发展阶段的效率，因此，房地产业的合理发展有利于提高其对经济增长拉动效率。

综合分析，房地产业在快速发展的阶段，对经济的贡献以及经济增长拉动率和拉动效率都有着明显的作用；在过热发展时期，投资变化不大，而房价的大幅度上升并不能带来经济的有效快速增长，对经济的贡献率明显下降，对经济增长的拉动效率也较低；在政策等的引导下，房地产发展回归阶段，投资减少，房价增幅减小，其发展的阶段性特征使得其对经济的贡献率更加降低，但其对经济增长的拉动效率是高于过热发展阶段的，即房地产业的增加值能对经济增长有着有效及较高效的拉动。

第 7 章

中国房地产业的重新定位与供给侧改革

中国房地产业的核心问题是产业定位问题，摇摆模糊的产业定位导致了积重难返的地方土地财政，也导致了房地产业宏观调控政策的朝令夕改和摇摆不定，导致了房地产业货币政策和财政政策乃至土地供应政策的多次扭曲，最终形成了目前我国房地产市场的发展格局。因此，我国未来房地产业的健康发展也应从房地产业的重新定位和供给侧改革着手。

7.1 再次明确界定房地产业支柱产业的地位

中国房地产业的健康发展绕不开对房地产业定位这个门槛。中国古代就非常讲究"名正"与"言顺"之间的关系[1]，房地产业的发展需要为房地产业"正名"，以摆正社会上已经处于混沌状态的房地产业观念。房地产业

---

[1] "名正言顺"一词出自《论语·子路》。子路曰："卫君待子而为政，子将奚先？"子曰："必也正名乎！"子路曰："有是哉，子之迂也！奚其正？"子曰："野哉，由也！君子于其所不知，盖阙如也。名不正，则言不顺；言不顺，则事不成；事不成，则礼乐不兴；礼乐不兴，则刑罚不中；刑罚不中，则民无所措手足。故君子名之必可言也，言之必可行也。君子于其言，无所苟而已矣。"

房地产业：宏观调控与产业定位

的产业定位可以使政府和民众对房地产业在国民经济中的重要性达成共识，清楚房地产业可以担当什么，不能担当什么；国家对房地产业的宏观调控应该怎样做，不应该怎样做；怎样做可以实现房地产业的健康发展，怎样做会导致政策上的混乱，并殃及整个国民经济发展与社会的进步。

正如前面各章的分析，不能将房地产业发展中曾经一度存在的过度融资、房地产价格高位运行等发展过热的表象问题归咎于"房地产业是主导产业"的定位上。实际上，房地产业发展过热及其后续宏观调控下波动的结果与把房地产业定位为主导产业并无直接的因果关系，原因是：

其一，尽管目前学界关于房地产业能否作为国民经济主导产业的问题仍有很多不同的声音，存在很大争议，但我们认为，一个产业是否是主导产业，这是一种客观存在，并不主要由政策等主观因素所决定，而是产业本身的特性使然。房地产业对国民经济具有显著的经济效应，这是该产业的产业特性，房地产业自身产业链长、波及范围广、对国民经济的贡献率较大，这在一定程度上具有客观性，不以人的主观意志为转移，主导产业理论和国外几十年的实践发展经验都证明了这一点。

其二，房地产业发展过热和剧烈的波动都会影响主导产业作用的发挥，比如较为典型的房地产炒作和土地囤积等问题，房地产炒作致使房地产业"空转"，整个房地产业在玩"价格数字游戏"，除了抬高房地产价格、对金融业具有实际影响外，对其他产业的带动作用可能降低，而地产囤积更会使市场供给短缺、地价居高不下，这种过热必然会导致政府强力和持久的宏观调控，再传到国民经济的各个部门，产生巨大的传导效应，非常不利于社会经济的健康发展。而房地产业这种大起大落的局面，一方面表明房地产业自身处于不健康发展态势；另一方面说明在产业结构上房地产业与金融等其他产业结构有所失调。比如，以北京市的房地产业和金融业的关系为例，表7.1表明，北京房地产业与金融业之间无论后向关联还是前向关联，无论直接关联还是完全关联，其产业关联度绝大多数不同程度偏高，甚至数倍于国际数据。

第7章 中国房地产业的重新定位与供给侧改革

表7.1　　　　　国际及北京房地产业与金融业关联度变化范围

	后向关联		前向关联	
	直接关联度	完全关联度	直接关联度	完全关联度
国际关联度	0.0076~0.0683	0.0173~0.0936	0.0133~0.1688	0.0191~0.1074
北京关联度	0.1334~0.2767	0.1708~0.3835	0.0193~0.1855	0.0255~0.2522

资料来源：根据北京市投入产出表测算。

从实际发展情况看也证实了这一点，目前房地产业过分依赖金融业，一方面，房地产供给方如开发商甚至包括政府下属部门如北京市土地整理储备中心等的资金来源均以银行间接贷款为主；另一方面，需求方即消费者也通过抵押贷款形式进行间接融资。因此，可以说，供求双方将金融业绑在了房地产业上，房地产业与金融业的风险甚高。

其三，造成房地产业发展中剧烈波动的真正原因在于社会各界主观上过分强调甚至利用其主导产业作用而在供给、需求、政府调控等各个层面的实际操作有问题。在供给上，土地一级市场的垄断和"价过高者得"的单一出让标准使得土地价格上涨有了可能。在需求上，应谨慎对待房地产业发展中的不健康因素。在管理层面，政府在房地产市场上仍然具有举足轻重的主导地位，政府部门和房地产企业的产权主体以及房地产项目的投资主体之间有着或明或暗、千丝万缕的联系，从而使房地产市场政策性浓厚、运行机制不畅，垄断经营，房地产高价运行，之后在各界的压力下政府的强力和持久的宏观调控形成在所难免的格局。

因此，重新确定房地产业在我国国民经济中的支柱产业地位是非常必要的，这样才能最终实现我国房地产业发展的理性回归。房地产不应再被单纯地作为拉动经济的动力和降低经济热度的手段，而应该回归其自然属性。鉴于我国房地产市场的发展态势，应谨慎对待房地产业发展中的不健康因素，采取多种政策措施促进该产业的健康发展，而不仅仅是一味地进行价格打压或者刺激价格上涨。

总体而言，在房地产业的供给侧改革中，在土地一级市场上，应改变"价高者得"的单一出让指标，而应在此基础上继续增加诸如项目设计方案、出让金给付方式等多种考核指标,以避免哄抬或过度压低地价;此外,在征收土地税收政策方面,应对短期内进行的土地交易征税以遏止土地投机,特别是应合理界定闲置土地,尤其应十分关注隐性闲置,对闲置土地征收土地闲置税,以防止开发商囤积居奇,防止房地产市场回暖之后的供需矛盾和价格暴涨。

而在需求侧的改革中,应继续完善审核制度,如期实现全国住房登记和联网,完善多套房屋购买时的贷款限制制度等,可以考虑对三套以上房产征收物业税,以抑制投机性需求;在政府监管层面,政府可以利用土地供应量来控制或激活房地产市场,例如,可通过对土地的适度放量缓解土地供应和价格关系,也可通过增加或减少保障房供给调整供需矛盾,同时还应采取多种措施转换政府职能,以避免权力寻租等问题的产生。

具体而言,我们将中国房地产业供给侧和需求侧的改革设计建议如下,供理论研究和政策实施参考。

7.2 供给侧的改革

7.2.1 去库存政策的效果

2015年11月10日,习近平总书记主持召开中央财经领导小组第十一次会议,研究经济结构性改革和城市工作。习近平总书记提出要着力加强供给侧结构性改革,着力提高供给体系质量和效率,增强经济持续增长动力,推动中国社会生产力水平实现整体跃升。2016年1月27日的中央财经领导小组第十二次会议研究了供给侧结构性改革方案。习近平总书记发表重要讲话,强调供给侧结构性改革的根本目的是提高社会生产力水平、落实好以人民为中心的发展思想。要在适度扩大总需求的同时,去产能、去库存、去杠杆、降成本、补短板,从生产领域加强优质供给,减少无效供给,扩大有效供给,提高供给结构适应性和灵活性,提高全要素生产率,使供给体系更好

第7章 中国房地产业的重新定位与供给侧改革

地适应需求结构变化。

供给侧改革，就是从提高供给质量出发，用改革的办法推进结构调整，矫正要素配置扭曲，扩大有效供给，提高供给结构对需求变化的适应性和灵活性，提高全要素生产率，更好满足广大人民群众的需要，促进经济社会持续健康发展。

深刻理解当前供给侧结构性改革中去产能、去库存、去杠杆、降成本、补短板五项重点任务，从生产端入手，促进过剩产能有效化解，促进产业优化重组，降低企业成本，发展战略性新兴产业和现代服务业，增加公共产品和服务供给。

关于供给侧改革，中央多有论述。习近平总书记指出，供给和需求是市场经济内在关系的两个基本方面，是既对立又统一的辩证关系。没有需求，供给就无从实现，新的需求可以催生新的供给；没有供给，需求就无法满足，新的供给可以创造新的需求[①]。

习近平总书记强调，供给侧管理和需求侧管理是调控宏观经济的两个基本手段。需求侧管理，重在解决总量性问题，注重短期调控，主要是通过调节税收、财政支出、货币信贷等来刺激或抑制需求，进而推动经济增长。供给侧管理重在解决结构性问题，注重激发经济增长动力，主要通过优化要素配置和调整生产结构来提高供给体系质量和效率，进而推动经济增长。

房地产行业以其在国民经济中的重要地位而成为中央供给侧改革的重点领域。2015年的中央经济工作会议提出："化解房地产库存。要按照加快提高户籍人口城镇化率和深化住房制度改革的要求，通过加快农民工市民化，扩大有效需求，打通供需通道，消化库存，稳定房地产市场。要落实户籍制度改革方案，允许农业转移人口等非户籍人口在就业地落户，使他们形成在就业地买房或长期租房的预期和需求。要明确深化住房制度改革方向，以满足新市民住房需求为主要出发点，以建立购租并举的住房制度为主要方向，把公租房扩大到非户籍人口。要发展住房租赁市场，鼓励自然人和各类机构

[①] 参见2016年1月18日习近平总书记在中央党校省部级主要领导干部学习贯彻十八届五中全会精神专题研讨班上的讲话。

房地产业：宏观调控与产业定位

投资者购买库存商品房，成为租赁市场的房源提供者，鼓励发展以住房租赁为主营业务的专业化企业。要鼓励房地产开发企业顺应市场规律调整营销策略，适当降低商品住房价格，促进房地产业兼并重组，提高产业集中度。要取消过时的限制性措施。"

2015年11月召开的中央财经领导小组会议提出，在适度扩大总需求的同时，重点加强供给侧结构性改革，并部署了四项措施，四项措施中就包括房地产业。而房地产业的供给侧改革则最先从房地产去库存开始。

我国房地产市场在发展过程中积累了大量的库存（见表7.2）和比较高的空置率[①]，截至2013年年末，我国房地产业的库存已经达到3.2亿立方米，而这一指标只包括现房，期房库存量更大。

表7.2　　　　全国楼市库存情况（2003～2013年）

年份	库存量（百万立方米）	变动量	变动比例（%）
2003	8774	-205	-12.29
2004	8596	-178	-12.2
2005	8564	-32	-0.4
2006	8099	-465	-5.4
2007	6856	-1243	-15.3
2008	10660	3804	55.5
2009	12447	1787	7.8
2010	10646	-1801	-14
2011	16904	6258	35.8
2012	23619	6715	30.6
2013	32403	8784	37.2

资料来源：《中国房地产年鉴（2014）》。

2016年年初，中央房地产业去库存的号召得到了地方政府空前的响应。处于经济下行阶段且地方财政比较吃紧的一些省市包括一线城市的政府，借

[①] 西南财经大学中国家庭金融调查与研究中心的调查数据显示，2013年中国住房空置率为22.4%，其中，北京19.5%，上海18.5%，天津22.5%，重庆25.6%。由于我国对空置率还没有一个统一的口径，该数据的准确性有待验证。

第 7 章 中国房地产业的重新定位与供给侧改革

此时机出台了大量政策,有的城市放开了以前执行的限购政策,有的城市加大了金融杠杆,提高了贷款比例,甚至让购房者零首付,有的地方降低或取消了交易限制,有的地方甚至鼓励在校大学生零首付买房,一时间甚嚣尘上,而一线城市的房价也在这个阶段大幅攀升。

国家统计局的统计显示,2016年3月新建商品住宅(不含保障性住房)的价格与2015年3月相比,70个大中城市中,价格下降的城市有8个,上涨的城市有62个,环比价格变动中,最高涨幅为5.4%,最低为下降0.7%。与2015年同月相比,70个大中城市中,价格下降的城市有29个,上涨的城市有40个,持平的城市有1个。3月,同比价格变动中,最高涨幅为62.5%,最低为下降3.8%。二手住宅价格与2月相比,70个大中城市中,价格下降的城市有13个,上涨的城市有54个,持平的城市有3个,环比价格变动中,最高涨幅为9.3%,最低为下降0.7%。与2015年同月相比,70个大中城市中,价格下降的城市有23个,上涨的城市有46个,持平的城市有1个。3月,同比价格变动中,最高涨幅为60.5%,最低为下降7.3%。

到4月份,价格继续攀升。2016年4月新建商品住宅(不含保障性住房)与3月相比,70个大中城市中,价格上涨的城市有65个,下降的城市有5个,环比价格变动中,最高涨幅为5.8%,最低为下降0.5%。而与2015年4月相比的同比价格变动中,最高涨幅为63.4%,最低为下降3.2%。2016年4月的二手住宅价格与3月相比,70个大中城市中,价格下降的城市有10个,上涨的城市有51个,持平的城市有9个。环比价格变动中,最高涨幅为6.8%,最低为下降0.4%,与2015年同月相比,70个大中城市中,价格下降的城市有22个,上涨的城市有47个,持平的城市有1个,4月,同比价格变动中,最高涨幅为56.1%,最低为下降7.2%。

而上海与北京这样一线城市优质地段的房地产价格则在短短的几个月内增长了20%左右,有些甚至高达50%以上。一些购房者在微信等社交媒体上发布的一夜房价涨几十万元的经历使社会舆论的焦点落在房价暴涨的行情中。通过加大金融杠杆去库存的做法不但导致了一些城市房地产市场价格的

房地产业：宏观调控与产业定位

暴涨，也进一步导致房地产金融风险的迅速累积，在一些城市，房地产业的去库存政策已经形成了巨大的套取银行贷款和套取不当利益的机会，为房地产业和国民经济的健康发展埋下隐患。

中央很快意识到房地产价格迅速增长的严重性，要求房价上涨过快的地方采取调控措施。2016年12月中央经济工作会议指出"房子是用来住的，不是用来炒的"的观点，建议要通过人的城镇化"去库存"，而不应该通过加杠杆"去库存"，逐步完善中央管宏观、地方为主体的差别化调控政策。此后，北京、上海等一线城市的房地产价格暂时出现了量价停滞的格局，但地王频出的新闻仍在继续，二、三线城市的房价接力上涨。

2016年年初的去库存政策刺激了房价的上涨和交易量的大幅增加[①]，但去库存的效果却远没有达到。2016年4月末，全国商品房待售面积7.27亿平方米，比3月末减少826万平方米，比2月末减少1241万平方米。其中，住宅待售面积4.51亿平方米，比3月末减少894万平方米，比2月末减少1546万平方米。这些数字和房地产的库存量相比，还是微不足道。

而且即使这些减少了的待售面积也主要集中在一线城市及其周边城市和少部分的二线热点城市，三、四线城市基本没有减少。对重点城市的监测统计数据是，2016年1~4月，重点城市商品房销售面积增速比非重点城市高10个百分点。4月末，重点城市商品房待售面积2.72亿平方米，比3月末减少600万平方米，比2015年末减少397万平方米；非重点城市待售面积4.55亿平方米，比3月末减少226万平方米，但比2015年末还要增加1233万平方米，库存压力继续增大。

房地产业去库存的工作刚刚开始，虽然前几个月的政策效果南辕北辙，但去库存的必要性仍然是存在的，作为房地产业供给侧改革的一部分，中央去库存的目标也没有发生变化，只不过房地产业供给侧改革的路径需要反思

---

① 国家统计局2016年第一季度的统计数据显示，一季度，全国房地产开发投资17677亿元，同比名义增长6.2%（扣除价格因素实际增长9.1%），增速比2015年全年加快5.2个百分点。仅2016年1~3月，全国商品房销售面积为24299万平方米，同比增长33.1%，销售额为18524亿元，同比增长54.1%，两项指标均创历史同期新高。

和调整。

7.2.2 供给侧改革的路径

吸取教训,总结几十年来我国房地产业的发展道路,借鉴美国、日本、新加坡和中国香港等国家或地区的发展经验,结合我国宏观经济和房地产业目前面临的复杂形势,可以看到,利用加杠杆去库存的做法是不值得提倡的。我们认为,从实际出发,从我国房地产业长期可持续健康发展的角度考虑,我国房地产的供给侧改革应该沿着以下路径展开。

(1)调整商品房和保障房的供给结构。根据发达国家和地区房地产市场的发展经验,区分商品房和保障房的供应是最基本的工作,两种房产适用两种不同的标准,在两个独立的体系中运行,彼此可能会有所交叉,但在性质上却要泾渭分明。

从经济适用房到廉租房、定向安置房、两限商品房、共有产权房、安居商品房、公共租赁房,我国的保障性住房政策一直处于摇摆和变动之中,即使到目前为止,我国仍没有一个明确的保障性住房的界定,更没有一个稳定下来可以持续发展的政策。实际上,无论以何种名称出现,保障性住房都是指政府为中低收入住房困难家庭所提供的限定标准、限定价格或租金的住房。其中有两个基本特征:其一,其目标群体是中低收入中住房困难的家庭;其二,由政府提供,独立于房地产市场上出售和租赁的商品房体系。至于政府如何限制其价格和标准,其在整个房地产中所占有的份额,各国国情不同,也会有较大的差异,并非保障性住房的本质特征。

一旦保障性住房和商品房市场的标准被确定下来,接下来的事情就是尽量提高保障房供给的公平性,以及提高商品房供给的效率。

与日本的保障房和新加坡的组屋保障房不同,我国的保障房复杂多样且与商品房的界限历来十分模糊,比如,各种类型保障房多由以赢利为目的的房地产商负责开发建设,导致一些优惠政策在执行中失去了原本的政策目标,甚至曾经出现过200平方米的经济适用房并被某些权势阶层所享受。

享受保障房的资格经历过多次变化,非常不稳定,而且近些年的门槛在逐渐提高，有些地方甚至将作为夹心层的工薪阶层排除在了享受资格之外，比如，2007年11月5日北京市下发的《关于印发北京市廉租住房、经济适用住房家庭收入、住房、资产准入标准的通知》中规定，月工资收入不超过2000元才有资格购买。

2013年以来北京市公租房的准入条件是：申请人必须年满18周岁；家庭成员中有北京市城镇户籍（家庭成员仅包括配偶及未成年子女）；家庭年收入不超过10万元；家庭成员人均住房面积不超过15平方米；三年内无卖房离异现象。两限房的准入条件是：家庭成员中有北京市城镇户籍；家庭年收入不超过8.8万元；家庭成员人均住房面积不超过15平方米；三年内无卖房离异现象；家庭总资产不超过57万元。经济适用房的准入条件则与家庭人口、家庭年收入、人均住房使用面积和家庭总资产净值相关，比如，1人户的家庭，家庭收入需在22700元以下，人均住房使用面积10平方米以下，家庭总资产净值24万元及以下；2人户的家庭，家庭收入需在36300元以下，人均住房使用面积10平方米以下，家庭总资产净值27万元及以下；3人户的家庭，家庭收入需在45300元以下，人均住房使用面积10平方米以下，家庭总资产净值36万元及以下；4人户的家庭，家庭收入需在52900元以下，人均住房使用面积10平方米以下，家庭总资产净值45万元及以下；5人户以上的家庭，家庭收入需在60000元以下，人均住房使用面积10平方米以下，家庭总资产净值48万元及以下。

我国保障房的建设应该有一个顶层设计的长远规划，在综合测算、科学规划的基础上，调整商品房和保障房的结构，并以专门的法律来规范和保障实施，以居者有其屋为目标，以政府作为主体，保障房的单位面积需要控制在一定的水平之下，但其质量却应达到坚固耐用的要求，外观的建设也要达到城市建筑品位，应像新加坡的组屋一样，均衡分布在城市之中，防止城市贫民窟的出现。为了保证保障房建设，国有企业产权形式的房地产公司的业务应该限制在保障房建设领域，逐渐退出商品房市场。

在商品房库存较多的地方，政府应少建或停建保障房和安置房，利用货币化补贴低收入人群，或者由政府收购闲置的商品住宅用做保障房、安置

第7章 中国房地产业的重新定位与供给侧改革

房;而在北京、上海、广州、深圳这样的一线城市和省会城市,在明晰法律规范的基础上,还应该继续加大保障房建设的力度。城市政府要把农村转移人口住房问题列入保障房建设规划,与城镇低收入群体并轨。我国城镇化在快速发展,需要大批农村转移人口,解决好他们的住房问题,既是城市文明的体现,也是经济发展和城市建设的目标。

(2)调整房屋交易市场与租赁市场的结构。住房消费一般有两种途径,即租赁和购买。我国数千年来所形成的买房置地的传统观念根深蒂固,加上房地产长期的价格增长从而保值增值的功能在现实中被无限放大,购房已成为国民奋斗的目标。国际比较发现,我国住房自有率实际上已经高于欧、美等发达国家和地区,2004年以来长期的货币超发,特别是2008年4万亿元投资以来中国版的量化宽松,为防通货膨胀和防购买力缩水,购房聚财的经济行为方式深入人心,住房的自有率还在增加。根据联合国对欧洲及北美国家的住房自有化率公布的最新资料显示,加拿大的住房自有化率为64.3%,法国为55.6%,德国为41.7%,英国为69.2%,美国为69.8%。而我国城市住房自由化率已经高达84.7%,考虑到农村人口都建有自己的住房,所以综合我国城乡的情况,我国民众的住房自由化率更高。

对国民经济和社会的稳定发展而言,对居民财富的保值增值而言,偏高的住房自由化率都是一件好的事情。

在较高的租房自由化率的夹缝中,特别是在教育资源等社会资源均衡性非常差、城镇化进程比较快的情况下,在流动人口巨大的北京、上海、广州、深圳等一线城市,乃至以各省省会为代表的二线城市和经济活跃度较高的三线城市,还有着大量的租房需求,而现在的房屋租赁市场对于租住户的保障性不高,住房租赁市场尚不完善,其中的交易行为也不规范,公众因此对租赁市场的信誉和认同感较低,市场发展混乱。中介掌控房源后,操纵市场、抬高租金、制定霸王条款的情形非常普遍。

房屋租赁市场应该是一个市场化程度非常强的市场,我爱我家和链家等房地产中介公司在市场竞争中茁壮成长起来,承担了很大一部分房屋租赁市场的中介职能。按照保障性住房和商品房的划分,房屋租赁市场也应该是分成保障性和商业性两个市场，而保障性的住房租赁应由公营机构或者政府委托商业性的中介公司实施，商业性住房的租赁应完全按照市场规则来实现。各司其职是保证房屋租赁公平、有效的前提。

但遗憾的是，一些地方政府部门就是希望公有机构参与进来与民争利①，结果导致住房租赁市场进一步政企不分，扰乱了市场的本来秩序。

但在规范租赁市场方面，政府要做好管理与职责分明，避免既当裁判员又当运动员的现象发生。可以通过建立一个免费信息发布平台等类似的公益机构，补充私营市场的不足，供出租者与承租者沟通。

2016年5月17日，国务院发布了《国务院办公厅关于加快培育和发展住房租赁市场的若干意见》，为我国调整房屋交易市场与租赁市场的结构奠定政策基础。

(3) 调整不同城市和区域房地产市场的发展结构。我国地域辽阔，城市众多，但东、中、西部经济发展非常不平衡，不同区域城市之间的差距十分巨大。截至2015年年末，中国大陆共有653个城市，其中地级以上城市295个，15个副省级城市，4个直辖市。中国城市房地产业的发展也有着很大的差别。

从目前的情况来看，一方面，部分二线与多数三、四线城市房地产业供应过剩，库存压力巨大；而另一方面，一线城市和部分二线城市的房地产则供不应求，房价仍在显著上涨。从房地产的用途来看，商办类房地产的库存压力大于住宅。而住宅中，高档住宅尤其是别墅和超大户型公寓库存压力较大。

而比较奇怪的是，部分城市的保障房建设规模太大，也存在去库存的问题。这就是典型的规划问题和制度问题了。

即使不实施所谓的"一城一策"，不同城市的房地产政策也应该体现很大的不同，尤其是不能为了宏观调控而全国一盘棋。

---

① 比如，北京市政府2012年下发了《北京市人民政府办公厅关于进一步规范房屋租赁市场稳定房屋租金工作的意见》，鼓励北京市有关部门、各区县成立国有房屋租赁经营机构，集中开展房屋租赁经营。

第7章　中国房地产业的重新定位与供给侧改革

调整不同城市和区域房地产市场的发展结构，需要根据各区域各个城市房地产的库存情况测算当地房地产的供给和需求，并据此严格控制大部分三、四线城市的宅地供应，延长去库存的周期，在库存没有降到一定比例的情况下，暂停供地。而一线和少数库存规模小的热点城市，则应增加宅地供应，受制于建设用地紧张的一线城市应加快供地制度的改革，使部分工业用地转变为宅地，加大城市旧城改造的力度，通过提高地块的容积率等方式降低用地成本，加大对长期闲置土地的房地产公司的惩处力度，提高土地的使用效率。

（4）调整开发商的产权结构。目前全国有9万多家开发商。其中央企和国企房地产公司128家。而这128家公司凭借其强大的政府背景和资金实力成为房地产市场上的主导力量，平均每个省份4家，这些大企业分食了各个城市最好的项目，抬高了土地和房屋的价格，而将市场上其他所有权类型的房地产公司冲击得七零八落。在经济下行阶段，其他所有权的房地产企业，尤其是非上市公司，多数都处于规模萎缩、效益下滑甚至亏损、倒闭的状态，进而导致在建项目出现难交付、停工、烂尾或者偷工减料等现象。

与此同时，少数大型开发商，尤其是央企和国企，虽然企业利润率同样连跌，但仍在加大拿地力度，拼抢地王，继续扩大经营[①]。

2016年上半年因为国有房地产企业在热点城市抬高地价、竞标地王而成为众矢之的，若干年来国有房地产公司对市场的冲击力度也展露无遗。媒体和社会大众纷纷质疑与民争利的房地产国企在中国房地产市场上究竟扮演

[①]《上海证券报》2016年6月2日报道："6月1日，央企再度在上海土地市场大显神威。继5月央企保利地产'任性'豪夺周浦地王之后，6月1日上午，经过一个多小时激烈争夺，隶属财政部的上市公司信达地产以58.05亿元总价夺得上海宝山区顾村一地块，溢价超过303%，刷新今年上海土地市场溢价率纪录。而可售商品房部分高达4.8万元/平方米的楼板价，更是让业内感慨上海外环外房价恐将突破7万元单价。不仅是信达地产，纵观今年的土地市场，逾50%的地王都是拜国企所赐，其中部分央企表现异常活跃。信达地产为A股上市房企，其母公司信达资产隶属财政部，是国内第一家专门处置不良资产的专业公司。被业界戏称为'钱袋子'的信达地产过去一年内在各地疯狂制造地王。2015年7月至今，信达地产通过公开招拍挂新增10宗地块，其中7宗是地王，分别是广州天河地王、合肥滨湖地王、上海新江湾城地王、深圳坪山地王、杭州南星桥单价地王、杭州滨江奥体地铁总价地王以及昨天的上海顾村地王。"

115

的是什么角色,为什么曾经喧嚣一时的国企房地产公司退出房地产业的运动最终以今天的面目示人。

2010年3月18日,国务院国资委召开新闻发布会,宣布78家不以房地产为主业的央企退出房地产业,南京市等地方政府也要求当地不以房地产为主业的地方国企退出房地产业。几年来,被列入名单的78家央企和各地的地方国企在等待进一步的政策推进和观望中,也各自进入了调整、转让、并购、剥离、继续开发等各异的路径,然而遗憾的是,时至今日,这些国企不但没有退出房地产市场反而其数量却增加了,能量也更加强大,毫无忌惮地造出更多的地王,并将地价哄抬到一个全新的高度,把房地产市场泡沫风险再次大幅提升。

在国企的大力带动下,2016年上半年全国房地产开发投资同比增长7.0%,比2015年同期加快1.9个百分点,房屋新开工面积同比增长18.3%;去库存运动声势浩大,全国商品房销售面积同比增长33.2%,全国商品房销售额同比增长50.7%。2016年5月末之前已经造出152宗地王,按照总价来计算,最高的50宗地王合计成交总价为2013.29亿元,其中27宗地被国企获得,合计成交金额达到了1094.9亿元,占比约为54%。

各个行业各个系统的国有企业不去做好自己的主业,纷纷加入房地产开发的大军中,利用国企的垄断资源,利用银行提供的贷款,迅速提升地价和房价。房地产市场这样的开发商的产权结构如果不作调整,房地产市场的扭曲还将进一步加剧。

(5)调整普通商品住宅与高档住宅的结构。在各个城市,高档住宅和普通住宅的区别标准比较清晰,因为住宅档次的界定涉及交易税的征收和物业费的收取等诸多经济问题,因此,地方政府都会发布相应的文件明确界定什么是普通住宅,但全国并没有一个统一的标准。

一般而言,高档住宅是与普通住宅相对应的住房,包括别墅和高档公寓,面积要超过一定的标准,容积率则低于一定的标准,单位面积价格高于一定的标准。其中,别墅是指在郊区或风景区建造的园林式住宅,一般拥有独自的私家车库、花园、草坪、院落等;高档公寓一般是指单位建筑面积销售价格高于当地普通住宅销售价格1倍以上的高档次公寓式住宅，通常为复式、顶层有花园或多层住宅，配有电梯的住宅，同时还要拥有较好的绿化、商业服务、物业管理等配套设施。

比如厦门市区分普通住宅和高档住宅的标准是：普通住宅的条件是住宅小区建筑容积率在1.0以上；单套建筑面积在144平方米（含）以下；岛内（思明区、湖里区）住房单套总价在300万元（含）以下，岛外（海沧区、集美区、同安区、翔安区）住房单套总价在220万元（含）以下。而北京市则主要以同类住宅交易价格为标准区分普通住宅和高档住宅，2014年版普通住宅的规定是：五环以内，总价＜468万元、单价＜39600元；五到六环总价＜374.4万元、单价＜31680元；六环以外总价＜280.8万元、单价＜23760元①。

我国房地产市场上高档住宅库存的比例明显偏大，而房地产开发商则比较偏爱开发高档住宅，因为高档住宅的开发收益普遍高于普通住宅，但高档住宅占据了更多的资源，在城市土地稀缺而人口拥挤的城市，不宜建设太多的高档住宅，特别是一线城市应着力加大普通住宅的供应量，适度控制大户型与低密度的高档住宅比例。当然，高档住宅的比例应该是由市场的力量所决定的，但比例的扭曲若超过一定的限度，则与政府制定的标准和相应的政策有关，因此，政府有必要利用税收等经济杠杆调整高档住宅和普通住宅的比例，从而使房地产市场能够在更公平与有效的轨道中运行。

（6）调整农村发展和城镇化的矛盾关系。我国的城镇化正在快速推进之中。2015年，我国城镇化率达到56.1%，城镇常住人口达到了7.7亿。整个"十二五"时期，我国城镇化率年均提高1.23个百分点，每年城镇人口增加2000万人，相当于欧洲一个中等规模国家的总人口数。而"十三五"规划提出到2020年户籍人口城镇化率达到45%、常住人口城镇化率60%左右的目标。

---

① 2014年版普通住宅标准是按照2013年成交均价2.2万元/平方米，总价260万元/套，区域调整系数为5环内1.5、5~6环之间1.2、6环以外0.9计算出来的。其中总价和单价两者满足其一即可。

房地产业：宏观调控与产业定位

城镇化既包括土地的城镇化、资金的城镇化，更包括人口的城镇化，与资金和土地的城镇化相比，我国人口的城镇化比较滞后，主要体现在户籍人口城镇化率比较低。其原因既有城乡隔离的户籍制度的因素，也有农村人口进入城市居住动机减弱的因素。大城市交通拥堵、环境污染，教育和医疗卫生等公共服务供给不足，居住成本高昂；中小城市数量不足[1]，城市功能不完善。而更重要的是，我国的大城市都有户籍限制，而户籍是和众多福利捆绑在一起的[2]，这就使大城市的政府陷入一种两难的境地：如果松开大城市的户籍限制，并将户籍和福利之间的绑定松开，那么涌入大城市的农村人口将对城市现有的基础设施和社会福利形成巨大的冲击，大城市将人满为患而原有的福利大多无以为继，暴增的城市规模和锐减的福利有可能摧毁大城市现有的秩序；如果维持户籍和福利的现状，那么农村人口的城镇化就将受到限制。因此，推进人口城镇化的思路就自然而然地回到了发展小城镇。

虽然很多小城市的户籍已经放开，但农民并不愿意到小城镇定居，因为小城镇和农村大多没有太大的差别，而且如果农民到小城镇中落户，就会失去其农村土地的使用权，既包括宅基地也包括耕地，而农村土地的使用权意味着最基本的生存保障。

我国近些年在一步步加大城市反哺农村的政策力度，城市的资源源源不断地流入农村，但农村的很多政策是与城镇化的大政方针背道而驰的，而且一些资金的使用有着极大的浪费。比如，有些农村地区在补助农民修建住房，只要农民申请，就可以获得1500元的修房补贴，由当地政府部门指定的施工队进行修缮，但实际的情况是，由于很多农民因外出打工而绝大部分时间住在城市，农村的住房长期没有人居住，已近废弃，大规模的修补重建

---

[1] 根据住建部的统计资料，2014年年末，全国设市城市653个，其中直辖市4个、地级市288个、县级市361个。据对651个城市、1个特殊区域、1个新撤销市统计汇总，城市城区户籍人口3.86亿人，暂住人口0.60亿人，建成区面积4.98万平方公里。我国7.7亿的城镇人口居住在653个城市之中。相比较而言，日本的1.1亿多人口居住在787个城市之中，美国的3.1亿人居住在10158个城市之中。

[2] 有媒体报道，北京户口和就业、买房、买车、教育、婚姻、生育、医疗、养老等80余项福利捆绑在一起。《工人日报》2013年报道，仅买房和教育两项，就算出了一个54万元的价值，据称当前北京户口已经炒到了72万元的天价，而上海、深圳等城市的户口价格也同样超高。

在很大程度上是假借"新农村建设"之名而做的面子工程甚至是腐败工程。这样的资金实际上应该用于中小城市建设，或者通过补贴进城买房的农村人口推进城镇化进程并实现中小城市去库存的目标。

为保证迁到城市的农民居者有其屋，可以考虑将农村的土地使用权置换为城市住宅的产权。先在中小城市实现城乡人口的一体化，消除户籍制度、社会保障制度和教育制度的双重标准，将具有发展潜力的县城和地市级城市发展起来。

调整好农村发展和城镇化的关系是一项需要顶层设计的宏观战略，有限的政府资源和社会资源需要更有效的配置，这样才能有利于城镇化的发展，有利于房地产业的发展。

7.3 需求导向的改革

7.3.1 消费者主权与需求导向改革的意义

消费者主权理论（consumer paramountcy theory）又称顾客主导型经济理论，是与生产者主权或企业主导型运作相对的概念。消费者主权是诠释市场上消费者和生产者关系的一个概念，消费者通过其消费行为传达其意愿和偏好，生产者按照消费者的意愿和偏好进行生产，也就是说，消费者根据自己意愿和偏好到市场上选购所需商品和服务，这样消费者意愿和偏好等信息就通过市场传达给了生产者，生产者根据消费者的消费行为所反馈的信息安排生产，提供消费者所需的商品和服务。

消费者主权的观点最早见于现代经济学之父亚当·斯密的著作《国富论》之中，奥地利学派、剑桥学派以及哈耶克、弗里德曼等都把消费者主权看做市场经济中最重要的原则。诺贝尔经济学奖得主弗里德里希·哈耶克（Friedrich A. Hayek）明确提出"消费者主权理论"。消费者主权可以用一个比喻来说明，即消费者在市场上每花一元钱就等于一张选票，各个生产者就是通过消费者在市场上"投货币票",了解社会的消费趋势和消费者的动向,从而以此为根据,组织生产适销对路的产品,以满足消费者的要求,从而最终达到利润最大化的目的①。

而实际上,在市场经济中,供给和需求是一个硬币的两面,是截然不可分割的一个整体,供给侧的改革需要以启动消费者的需求为基础,而需求侧的改革则是需要供给方的协同配合。具体到房地产市场,房地产最终是供人类使用的,发展的终极目标是满足人们对房地产的需求,因此,房地产业长期稳定的发展离不开需求侧的推动。

若干年来,我国的房地产市场主要是供给导向的,房地产经常供不应求,房地产企业根据自己的判断和战略目标安排生产,建起来的房地产都能被市场消化掉,因此,呈现出比较明显的生产者主权②。2011年以后,当房地产库存加大时,人们才开始关注房地产市场的需求导向。需求导向是指生产者和供给者根据市场需求生产和提供自己的产品与服务,通过满足需求者的需要自然而然地实现自己企业的生产目标。

房地产需求导向改革本质还是供给侧改革,但并不是我们当前很多城市所采用的加金融杠杆去房地产库存的房地产业供给侧改革,而是根据消费者需求按照消费者主权模式所进行的房地产业供给结构调整,通过充分考虑房地产消费者的需要进行生产和供给,货币政策、财政政策等使供给和需求相互对应,从而解决房地产市场的各种问题。

7.3.2 需求导向改革的路径

(1)顺应城镇化进程中的房地产需求。中国的城镇化进程已如火如荼,且远远没有结束。如果说未来还有什么因素支撑中国城市的房地产不至于陷

---

① 消费者主权理论是有争议的。诺贝尔经济学奖得主加尔布雷思就曾根据大公司垄断市场的现实,提出过"生产者主权"(producer paramountcy)的概念。但事实证明,即使是完全的市场垄断,生产者的生产也必须遵从消费者的意愿,否则大公司将失去最终的发展推动力,生产就会处于受限制的状态,终将失去已有的垄断地位,这对公司和整个社会经济都是有害的。

② 虽然万达集团很早就有"订单地产"的商业模式,但若干年来并非是中国房地产业的主流模式。

第7章　中国房地产业的重新定位与供给侧改革

入长久的低迷、成交量逐渐萎缩、价格成阶梯状下跌的话，这个因素无疑就是进一步的城镇化。按照美国一、二、三产业的发展结构，第一产业容纳2%的人口就已经足够了[①]，农业生产的现代化不但保证了本国的粮食供应，还将农产品销售到世界各地，成为世界粮食市场的主要供给者。按照美国的农业和非农比例，中国的城镇化过程中还将有3亿以上的农村人口变成城市人口。

诚然，很多中国的农村房屋无人居住，庭院内荒草纵横，在农闲时节，大多只有老人和孩子的身影，一片凋敝景象。但那些背井离乡的青壮年并没有彻底迁移到城市生活，而是成为城乡之间的流民，以农民工的形式游动于城乡之间，这是世界上绝无仅有的。

据国家统计局对农民工的调查数据，2014年农民工总数为2.7亿，其中，1.7亿外出农民工居住情况十分恶劣：在城镇自购房居住的仅为1%，回农村住的13.3%，租房住的36.8%，住工棚的17.2%，住单位宿舍的28.3%。

农村人口城市化进程中对住房的需求是巨大的，但因为价格高昂，这些需求并不能转化为有效需求。按3亿人口城市化的规模，按人均30平方米计算，90亿平方米的需求量不但能够轻松化解目前7亿平方米的房地产库存，房产业实际上还远远没有满足公民的实际需要，如果能够满足农村人口城市化的住房需要，按20年城市化计算，每年的需求量也可以达到4.5亿平方米。

农村人口的城市化是历史的必然，农民迁移到城市购房生活，既可以带动投资和消费，从而稳定经济增长和促进经济转型，也可以集约利用教育资源和公共基础设施，农村人口迁出后农村土地的集约利用还可以大大提高农业生产的水平，保护生存环境。此外，对大农场农业生产的监控也可以从源头上解决我国当前难以解决的食品安全问题，当前一家一户的农业生产所使用化肥和农药的种类与数量是无法监控的，抗生素和农药的滥用既导致了粮

[①] 美国农业产值仅占美国经济的1.2%。美国3亿多人口中住在农村地区的人仅占约2%，从事农业生产的人不到1%，其中又只有半数将农业作为主业。

121

食质量的整体忧虑，也使大片农田受到严重污染，为未来的食品安全造成了巨大隐患。

城镇化是一国现代化的重要标志。无论城市发展，还是农村发展，顺畅的城市化进程是中国经济结构能够顺利转型的基本保障，是中国21世纪大国崛起之路不被中断的基本保障。

国务院总理李克强曾多次强调城镇化对于中国经济改革和社会发展的重要性，我国的中央政府也敢于直面中国城镇化中的诸多难题，将走"以人为本"的新型城镇化之路，建设更加包容、更加和谐的现代化城市。其近期目标是要解决好"三个1亿人"问题，即到2020年要让进城务工农民中的1亿人在城镇落户，变成真正的城里人；加快中西部地区城镇化进程，引导1亿农民自愿就近就地进城；集中力量进行棚户区和城市危房改造，解决好1亿人的居住问题。解决这"三个1亿人"问题，将有力地促进社会劳动生产率的提高，促进人的全面发展，带动各类消费和投资需求，为中国经济增长和现代化建设提供持久的动力源泉。

意义和目标都非常明确，然而过高的房价和过低的收入却形成了农村人口城市化的最大障碍。我国超高的房价收入比不但使进城的农民无法承受，对城市居民而言，都是需要几代人省吃俭用的储蓄积累才有可能化解的经济重担。

因此，在收入无法大幅提高的情况下，降低房价是必然选择。但降低大中城市的房价也是不现实的，若像2014年的中国股市那样，先是证券市场监管者利用舆论和金融杠杆把指数与股价打高，然后短期内密集出台政策主动捅破泡沫，造成了罕见的连续股灾，这种对整个金融市场和人民社会经济生活造成难以估量的负面影响的模式来对待房地产市场，目前已经在高位运行的房地产市场暴跌所造成的影响将是股灾所无法比拟的。

房价不能大降，更不能急降，历史的经验教训不能不汲取。那么唯一可行的路径是利用小城市房价较低的优势实现城市化。农村居民的城镇化，在于因势利导，使农村人口顺乎自然地向小城镇集中，并不失时机地进行交通

第7章 中国房地产业的重新定位与供给侧改革

运输等设施的建设，逐步发展为中小城市[①]。

根据住建部的统计数据，2014年年末，全国共有1596个县，据对1579个县、10个新撤销县、14个特殊区域以及149个新疆生产建设兵团师团部驻地统计汇总，县城户籍人口1.40亿人，暂住人口0.16亿人，建成区面积2.01万平方公里。

2014年年末，全国共有建制镇20401个、乡12282个。据对17653个建制镇、11871个乡、679个镇乡级特殊区域和270万个自然村（其中村民委员会所在地54.67万个）统计汇总，村镇户籍总人口9.52亿人。其中，建制镇建成区人口1.56亿人，占村镇总人口的16.40%；乡建成区0.30亿人，占村镇总人口的3.13%；镇乡级特殊区域建成区0.03亿人，占村镇总人口的0.35%；村庄7.63亿人，占村镇总人口的80.12%。具体见表7.3。

表7.3　　　　2010~2014年村镇建设及户籍人口　　　　单位：亿人

年份	总人口	建制镇建成区	乡建成区	镇乡级特殊区域建成区	村庄
2010	9.43	1.39	0.32	0.03	7.69
2011	9.42	1.44	0.31	0.03	7.64
2012	9.45	1.48	0.31	0.03	7.63
2013	9.48	1.52	0.31	0.03	7.62
2014	9.52	1.56	0.30	0.03	7.63

资料来源：住房和城乡建设部：《2014年城乡建设统计公报》。

我国1600多个城和2万多个建制镇中，大部分基础设施长期投资和配套不足，因此，县城和建制镇的建设是一个巨大的空间，如果利用得好，这个空间足够消纳我们目前所谓的过剩产能。中国城镇化战略可以带动中小企业的发展和农民非农就业的同时，带动人民现金收入的增加，把原来的外需拉动经济这种增长方式，转变为内需拉动的增长方式，给我国房地产业的发展拓展出了一个广阔的腾挪空间。

[①] 厉以宁、孟晓苏、李源潮、李克强：《走向繁荣的战略选择》，经济日报出版社1991年版。

房地产业：宏观调控与产业定位

2014年年末，全国建制镇建成区面积379.5万公顷，平均每个建制镇建成区占地215公顷，人口密度为4937人/平方公里；乡建成区72.2万公顷，平均每个乡建成区占地61公顷，人口密度为4428人/平方公里；镇乡级特殊区域建成区10.5万公顷，平均每个镇乡级特殊区域建成区占地155公顷，人口密度为3661人/平方公里；村庄现状用地面积1394.1万公顷，平均每个村庄现状用地面积5公顷。具体见表7.4。

表7.4　　　2010～2014年村镇建成区面积和村庄现状用地面积　　　单位：万公顷

年份	建制镇建成区	乡建成区	镇乡特殊区建成区	村庄现状用地
2010	317.9	75.1	10.4	1399.2
2011	338.6	74.2	9.3	1373.8
2012	371.4	79.5	10.1	1409.0
2013	369.0	73.7	10.7	1394.3
2014	379.5	72.2	10.5	1394.1

资料来源：住房和城乡建设部，《2014年城乡建设统计公报》。

从建制镇和乡建成区的面积来看，城市规模的用地已经被占用了，但是这些土地上的城镇建设特别是房地产业的发展还远远不够，投资明显不足，而且1/2以上都投资在村庄建设上，资金的使用和城镇化的方向背道而驰。

2014年，全国村镇建设总投资16101亿元。按地域分，建制镇建成区7172亿元，乡建成区671亿元，镇乡级特殊区域建成区171亿元，村庄8088亿元，分别占总投资的44.5%、4.2%、1.1%、50.2%。按用途分，房屋建设投资12559亿元，市政公用设施建设投资3542亿元，分别占总投资的78%和22%。在房屋建设投资中，住宅建设投资8997亿元，公共建筑投资1351亿元，生产性建筑投资2212亿元，分别占房屋建设投资的71.6%、10.8%、17.6%。在市政公用设施建设投资中，供水投资406亿元，道路桥梁投资1545亿元，分别占市政公用设施建设总投资的11.5%和43.6%。具体见图7.1。

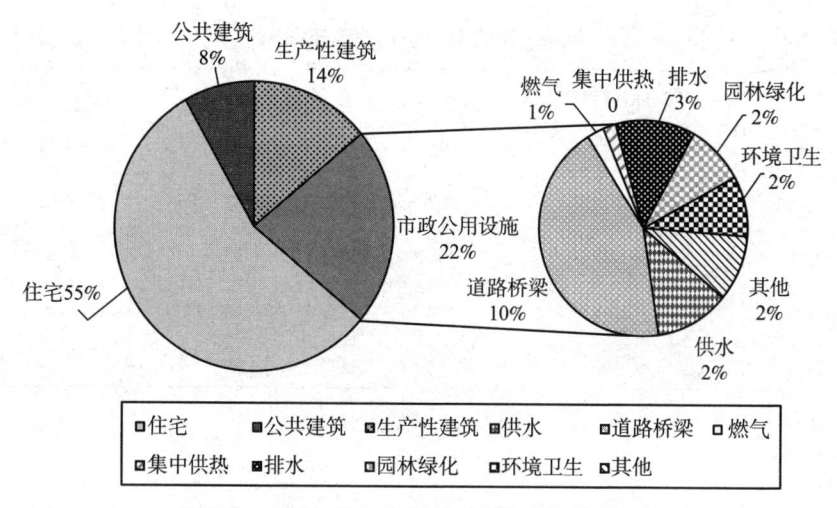

第7章 中国房地产业的重新定位与供给侧改革

图7.1 2010~2014年村镇建设资金投入的比例

资料来源：住房和城乡建设部，《2014年城乡建设统计公报》。

从村镇建设投资的比例来看，房地产业的投资过大而公共建筑、生产性建筑和市政公共设施的投资明显不足，这意味着建成的住宅因为配套设施不足而无法居住，或者处于闲置状态，或者因教育、医疗卫生等资源短缺而生活极不方便，再或者因为附近缺乏生产性建筑而成为持续性差的生活消费社区，而这些情况都不是有效的城镇化所追求的[①]。

2014年年末，全国村镇人均住宅建筑面积33.37平方米。其中，建制镇建成区人均住宅建筑面积34.55平方米，乡建成区人均住宅建筑面积31.22平方米，镇乡级特殊区域建成区人均住宅建筑面积33.47平方米，村庄人均住宅建筑面积33.21平方米。具体见表7.5。

---

① 2014年，全国村镇房屋竣工建筑面积11.56亿平方米，其中，住宅8.53亿平方米，公共建筑1.08亿平方米，生产性建筑1.95亿平方米。2014年年末，全国村镇实有房屋建筑面积378.05亿平方米，其中，住宅317.75亿平方米，公共建筑24.12亿平方米，生产性建筑36.18亿平方米，分别占84.0%、6.4%、9.6%。

表 7.5　　　　　　　　2010~2014年村镇房屋建筑面积　　　　　单位：亿平方米

年份	年末实有房屋建筑面积	其中：住宅	本年竣工房屋面积	其中：住宅
2010	355.52	298.48	9.74	6.71
2011	360.29	302.89	10.07	7.03
2012	367.39	308.00	11.23	7.67
2013	373.69	313.31	11.84	8.57
2014	378.05	317.75	11.56	8.53

资料来源：住房和城乡建设部，《2014年城乡建设统计公报》。

村镇建设为代表的城镇化将为房地产的发展提供新的契机，股份制合作化的新农村中，农民将就地转变成农业产业工人，以乡镇为核心，集学校、医院、托老所、商业、小型加工厂、农村生产生活资料市场、各种批发市场以及新型乡城综合体建设将是房地产业新的需求点。

将村镇建设成为城市，遍地撒网的模式是不可取的，应该有重点、有规划。比如，大中城市周边的卫星城[①]和古镇古村的建设都是一个非常好的着力点。

中国是一个有着几千年历史的文明古国，每个地方都有一些历史悠久、特色鲜明的城镇和村落，这些城镇和村落具有很好的历史亲和力，伴随休闲旅游行业的发展，有发展成为中型城市的潜力。

房地产业是城市发展的灵魂，卫星城和古镇古村的建设作为推进城镇化建设和美丽中国建设的重要抓手，对于带动区域经济社会发展、增加农民收入、统筹城乡一体化发展具有重要意义，也为我国房地产业的健康可持续发展提供了巨大的需求空间，房地产业的发展就是要顺应这种需求、满足这种需求。

(2) 顺应老龄化进程中的房地产需求。住房的建设和房地产市场的供给都是为了满足人的需要，老龄化进程将催生大量的养老住房需求。

---

① 卫星城是指在大城市外围建立的既有就业岗位又有较完善的住宅和公共设施的城镇，是在大城市郊区或其以外附近地区，为分散中心城市的人口和工业而新建或扩建的具有相对独立性的城镇。卫星城概念产生于英国，美国学者泰勒正式提出并使用"卫星城"这一形象性的概念。

第7章　中国房地产业的重新定位与供给侧改革

养老住房和一般住房有着很大的不同,老年人需要更便捷的基础设施,特别是医疗健康类基础设施。比如,要有方便的医院和健康护理中心,电梯的空间要大,能够推进病床,台阶都需要改建为坡道,轮椅可以方便地到达任何区域,有老年人聚会休闲的空间和设施,日照要充足,取暖设施要完备,等等。

老龄化呼唤养老地产的蓬勃发展。1995~2014年我国的老年抚养比已从9.2%上升到了13.7%,60岁以上老人已经突破2亿,因专门的养老社区数量和质量远远不足,有90%的老年人只能选择居家养老,约有7%的老年人在社区享受日间照料和托老服务,只有不到3%的老年人可入住养老机构。根据中国老龄委公布的养老机构供给情况,目前我国共有养老机构51000多家,其中由社会力量投资兴办的养老机构仅有1000多家。2014年全国共有3700万失能老人,然而由养老机构收养的失能老人只有将近70万人,占比至多1.8%,同时,养老市场上的床位供给也存在着巨大的缺口[①]。

除了供给数量上的短缺,我国养老机构的硬件设施和服务水平也远远达不到要求。公立的养老机构主要收养生活不能完全自理或超高龄的老人,资金来源渠道单一,管理体制落后,很多养老机构设施老旧,服务水平不高,生活比较单调,类似传统的"集体宿舍"住宿条件使入住的老年人仅处于满足温饱的状态。近些年,私立养老机构数量的增加较快,各路资金纷纷进入养老地产领域,但为了实现盈利,私人养老机构普遍定位于高端客户,而高端客户的需求量并不是很大,且性价比不高,市场竞争激烈,发展很不均衡,服务水平参差不齐,有些企业开发的养老社区并达不到富裕阶层老年人的需要,因此,常常处于供求双冷、入不敷出、经营难以维持的局面,有的需要申请到政府的床位补贴才能维系。

按新常态的经济增长速度,中国的财政能力很难支撑建立大规模的养老

---

① "十三五"规划对我国社会养老床位数的要求是,到2020年,每千名老人至少占有35张床位,最好能达到每千名老人对应40张床位,而发达国家现在平均每千人社会养老床位已达到了50~70张。据"十三五"规划的目标,如果按"十三五"结束之年约2.48亿的老人总数推算,到时我国社会共需要养老床位868万~992万张。然而目前我国社会养老床位数却只有每千名老人30.3张,总数670万张,总体床位缺口为198万~322万张。

院来满足老年人的住房需求,在未来很长的一段时期内,居家养老仍将是人们养老的主流模式,因此,有建设专门养老社区的基础,在未来的住宅建设中,充分考虑老年居民的需求就是一个必要的选项,而且哪家房地产公司在这方面做得出色,它在市场中就能胜出;相反,如果房地产公司还是墨守成规地保持着原来的理念,不去建造适合老年人需要的房子,就将被市场所淘汰。

(3) 顺应现代化进程中的房地产需求。随着科技的进步,现代化进程日新月异。在现代科技的发展中,很多领域的科技进步都对房地产业的发展有着重大的影响,特别是在新材料、互联网和人工智能方面的科技进步使房地产业面临着诸多新的发展机遇,房地产业应顺应科技进步和现代化的历史潮流,提高科技含量,从而更好地满足房地产市场未来的需要。

新材料催动着现代建筑的发展。材料是建筑的语言,建筑材料科技进步史就是人类建筑的发展史,是人类文明进化史的一部分。从世界各地保留至今的古代著名建筑,如希腊的雅典卫城、古罗马的斗兽场、中国的万里长城等建筑,可以清晰地看到人类开展建筑活动悠久而艰辛的历程和渐趋精湛的建筑工艺。当石头和砖木取代了天然的筑土和垒土,人类告别了洞穴和茅草屋;当砖瓦和烧制的石灰、陶器成为建筑材料的主体,人类建造的城市出现在广袤的大地上;当大规模的水泥、轻钢龙骨和高强度玻璃、钢筋混凝土开始广泛使用,摩天大楼竞相成为城市的新地标。近半个世纪以来,建筑材料发展速度更为惊人。传统材料向着轻质、高强、多功能的方向发展,新材料不断出现,高分子合成材料及复合材料更是异军突起,越来越多地被应用于各种建筑工程。

进入现代文明的 21 世纪,建筑材料的发展更是突飞猛进,为房地产业更好地满足人们对现代生活品质的追求提供了无限可能。相比传统的建筑材料,新型建筑材料在材质上和功能的划分上都有着很大的提高,强度更好、可塑性更强、重量更轻的新兴建筑材料层出不穷,在大大降低建筑成本的同

第7章 中国房地产业的重新定位与供给侧改革

时,提升了建筑物的安全性的和功能性[1]。新型的建筑材料从功能上划分为装饰性材料、保温性材料、幕墙材料、密封材料以及防水材料等;从材质上划分为水泥材料、玻璃材料、木材、钢材、塑料以及其他各种辅助五金、非金属材料等,可以说,随着新材料科技的发展,所有这些建筑材料都已经并仍在发生着翻天覆地的变化。

比如,新型建筑材料正在向生态化和智能化方向突破,在增强美观、坚固、柔韧、轻质、环保、安全、舒适等性能的同时,尽可能地减少水污染、化学污染、光污染、噪声污染以及放射性污染,而更重要的是,新型建筑材料还在融合微电子技术和高科技生产技术,结合现代化智能家居和高技术计算机智能应用系统,在楼宇智能和舒适度上进行创新,使建筑材料更加符合现代化城市建筑特点,满足人类生产和生活的需要。

目前,互联网科技和互联网经济的特征十分突出,由此,房地产的科技含量也在不断提升。物联网和人工智能时代即将来临,智能家电、智能家居系统将彻底改变人们传统的生活方式,房地产尤其是住宅将专注于为人们的娱乐和休息提供最方便的服务[2]。

"智慧城市"是未来房地产业发展的基本环境,以感应、物联、魔镜、健康、安全、娱乐、照明、控制八大系统为核心的智慧家居,以互联通行、移动支付、智慧物业三大内容为核心的智慧社区,以卫星导航、道路互联、无人驾驶、虚拟办公四大技术为核心的智慧城市系统,居住工作一体化住

---

[1] 混凝土作为现代化建筑材料使用量最大的材料之一,其质量直接决定了建筑物的质量。RPC是一种有着超高强度、超高韧性以及超高稳定性的新型水泥基础材料。由于RPC活性粉末混凝土的性能优越,抗压强度是普通水泥的2~4倍,抗折强度是普通水泥的4~6倍,它将是未来施工中的主要应用材料。当前我国多所大学均对RPC活性粉末混凝土开始了深化研究,能制备抗压强度超过200MPa的混凝土。25mm厚同强度的RPC活性粉末混凝土相当于60mm厚的C40混凝土,RPC中相关掺合料的应用,改善了混凝土的内部结构,提高了其强度和耐久性,对强度和相关力学性能有较高要求的部位有着很强的实用价值。

[2] 这一趋势已经非常明显并得到消费者的热切欢迎。比如,海尔、小米和360等企业就在将个人的智能手机与路由器、电视、摄像头、灯具、窗帘、空调、冰箱、空气净化器、浴室装置(SPA、灯光理疗、影音娱乐)等联在一起,实现了家庭的智能物联,将智能生活注入城市家庭。智能家居将成为未来房地产的标配,就如同精装是当下房地产标配一样,未来没有配置智能家居系统的房子就类似于毛坯房。

房地产业：宏观调控与产业定位

宅、创业综合体①、休闲综合体、文化综合体、商业综合体、健康护理综合体等新型的地产类型的诞生和成长将彻底改变人们对房地产的需求层次。房地产的供给必须顺应现代化的发展潮流，才能保持旺盛的生机和活力。

（4）顺应国际化进程中的房地产需求。随着全球经济的一体化，地球日渐成为一个村落。发达国家的房地产为发展中国家提供了非常好的范例，也在逐渐改变房地产市场的需求结构。

白天繁华、繁忙、高密度的城市中心区，夜晚安静祥和的周边居住区，生活设施齐全、绿草如茵、环境优美、别墅成群的生活社区，构成了欧美发达国家现代社会人们工作和生活的基本场景。这种生活方式也在被日渐富裕起来的发展中国家所仿效。

国际化的潮流必然将发达国家的房地产发展模式和人们在现代化过程中所形成的居住模式带到中国这样的发展中国家，这种潮流是很自然的事情，任何人为阻碍都不可能阻挡历史的脚步。

城市中心区和城郊居住区的分工是如此，定制化的住宅生产模式也是如此。住房定制在欧美等发达国家已经非常成熟，并已经从高端人群向中端人群扩散，由白领和金领构成的中产阶级以及由蓝领工人构成的社会大众阶层都已经能够享受到住房定制的产品和服务。

发达国家的房地产业顺应城市中心区和城郊居住区的分工，顺应人们住宅定制化的需求，利用若干年的时间，已经打造出了一套完整的住宅生产和服务链条，大量专做定制住宅的建造商经过几十年的发展已构成了一个成熟的住宅市场，在欧洲、美国、加拿大和日本，一个漂亮的带有地下室和游泳池的小型住宅从定制到组装完成最多只需要一个星期的时间。

住宅定制模式之所以能在发达国家流行，是因为这种模式可以最大限度地满足购房者个性的需要，使之能积极地参与到自己住宅的选址、设计、空

---

① 从目前的实践来看，当前的创业综合体有专业孵化、创业导师、天使投资、开放平台等四大功能模块，为创业者提供物理空间（办公及硬件设施）、成长空间（全流程创业服务）、交流空间（思想碰撞、情感交流）等三大功能空间，为（移动）互联网、信息产业、TMT、新材料、创意设计、现代服务等行业提供全方位的一站式孵化服务。

第7章　中国房地产业的重新定位与供给侧改革

间、组合、建造风格与材质、建筑监督、质量控制和成本控制等整个全部开发流程，购房者可以亲身参与打造出一套真正符合自己心意的住房。

中国地大物博，文化源远流长，旅游资源极其丰富，每年吸引着世界各地的旅游者入境旅游，在未来，名山大川之间的中小城市也将是中外旅游者的必游之地，而更需要注意的是，一些具有独特风土人情的地方将是国际国内游客的首选，将观光、游乐、休闲、运动等多种旅游功能融合为一体的地方需要的是休闲地产，特别是度假型酒店公寓的建设，将成为满足人们多样化度假需求的关键点，房地产业的建设也应顺应国际化浪潮中衍生出的各种需求。

第 8 章

中国房地产业可持续发展的关键政策

房地产价格的疯狂上涨导致资产价格高企，央行大量发行货币导致人民币估值过高，地方政府和国有企业长期的预算软约束导致债务负担过重，任何一个问题的爆发，都有可能产生多米诺骨牌效应，引发系统性风险。

作为支柱产业，房地产业一直是量化宽松货币政策最大的资金蓄水池，同时还承担着土地财政、政府宏观调控的扳手等多种作为一个行业本身所不应承载的职能，在若干年来以宏观调控之名而产生的政策摇摆中，形成了今天这样一个局面。

因其产业特性，房地产业可以是政府宏观调控的一个组成部分，甚至可以是宏观调控的抓手，但政府的宏观调控必须是建立在稳定的公共政策目标的基础上，追求的是健康发展的长期效应，目标错乱、朝令夕改、过于追求短期效应的房地产业调控政策只能导致房地产陷入癫狂的高风险状态，市场混乱各方参与者陷入布朗运动中无所适从。

在对房地产业进行清晰定位的基础上，房地产公共政策的目标究竟是什么，政府和市场的界限在哪里？基于此，政府关于房地产的产业发展政策，特别是土地政策、金融政策、财政政策、信息政策和产权政策应该是什么样子的？

正确的逻辑是，若有系统性、长期性、前瞻性和科学性的房地产业发展政策，就必须厘清政府和市场的责任；若想厘清政府和市场的责任，就必须

第8章 中国房地产业可持续发展的关键政策

先厘清房地产市场的利益关系,政府、国有企业、房地产开发商和消费者在市场中的地位是什么?

其实,问题的成因比较清晰,其中的道理也并不难解。通过重构中国房地产业发展的产业政策,将地方政府和国有企业从土地财政等利益纠葛中解脱出来,使房地产业回归其本质,正如2016年12月中央经济工作会议提出"房子是用来住的"这样一个不可偏离的定位,要让房地产回归功能定位,不要简单地作为稳增长的手段。面对高价格的房地产堰塞湖,目前亟须构建一个科学合理的促进房地产真正健康发展的政策体系。

8.1 土地政策

"土地是财富之母"。土地制度是国家的基础性制度,在实践基础上形成的中国特色土地制度为我国经济社会发展做出了历史性贡献。我国"城市土地国家所有,农村土地集体所有"的土地政策是房地产业发展的基本国情。而征地和"招拍挂"等土地产权转化与土地供应制度则形成了我国当前房地产市场土地供给制度的基本格局。土地财政、供地紧张和土地闲置等问题皆因之而生。

在土地供应方面,"十八亿亩红线"是一个不能跨越的坎儿。2006年十届全国人大四次会议上通过的《国民经济和社会发展第十一个五年规划纲要》明确提出,18亿亩耕地是未来五年一个具有法律效力的约束性指标,是不可逾越的一道红线。延续到"十三五"规划,"十八亿亩红线"虽然面临巨大压力和各种争论,但这条红线还是得到了坚守,为此,国土资源部还联合长春电影制片厂拍摄了一部电影《十八亿亩红线》,表达了继续坚守的态度和决心。

从粮食安全和国家安全的角度,十八亿亩红线可能是不可逾越的,中国历史上的多次饥荒令人触目惊心。尽管有官员和学者认为,中国可以通过进口粮食解决吃饭问题①,而且随着农业生产技术的提高,土地流转和集约经营的进展可以进一步提高粮食产量,从而可以打破十八亿亩红线的约束。但根据历史经验和从长远发展的角度,这样的冒险可能是不值得的。

实际上,耕地占补平衡已经是一种妥协了,城市建设占去了大量的良田,而新开发的耕地质量显著下降,更重要的是,农业内部土地使用结构也大大降低了粮食的生产能力,土地污染严重,水果等经济作物占了很多的良田,"退耕还林"和"退耕还草"也占了很多良田,这些实际上都在暗暗地侵蚀着十八亿亩红线。

自2004年开始,我国粮食生产获得连年丰收,2004~2006年,三年内粮食累计增产1335亿斤,粮食价格面临着越来越大的下行压力。为调控粮食市场价格,继续稳定粮食生产,避免谷贱伤农和粮食生产流通领域的巨大波动,2004年、2006年,国家在粮食主产区分别对稻谷、小麦两个重点粮食品种实行最低收购价政策。

2008年以来,针对粮食生产成本上升较快的情况,国家每年都在提高粮食最低收购价格。2013年粳稻、小麦最低收购价已经分别提高到每斤1.39元、1.12元,6年累计分别提高了0.67元、0.41元,提高幅度分别为92%、57%。2014年国家再次提高了稻谷和小麦的最低收购价格,将早籼稻、中晚籼稻和粳稻最低收购价格分别提高到每公斤1.35元、1.38元和1.55元,比2013年分别提高0.03元、0.03元和0.05元;小麦的最低收购价格提高到1.18元。

从2015年1~9月的平均价格看,我国小麦批发价比关税配额内进口到岸完税的国外小麦成本价大约高出37%,大米价高出42%,玉米价高出51%(中国承诺的关税配额包括每年小麦963万吨、玉米720万吨、大米532万吨。在配额以内,实行1%的关税。如果超过,根据WTO规则,中国

---

① 2015年4月,楼继伟在"清华中国经济高层讲坛"上的讲话认为,农业改革要减少对粮食的全方位补贴,鼓励农产品进口。中国人总有战争思维,认为一旦发生战争,我国当前大量进口农产品会被阻断,但他认为即便发生战争,也能靠"还草退耕、还湿退耕"来保证农产品库存。因此,目前应鼓励农产品进口,才能进一步转移农村的劳动力,弥补制造业、服务业的劳动力短缺,使工资增速低于生产率的增速。

第8章 中国房地产业可持续发展的关键政策

可以征收65%的关税）。2015年11月中旬，小麦、玉米、大米国内外价差分别在每吨700元、630元、760元左右。

在中国农业已经实现了十三年连年丰收的情况下，我国粮食市场出现了三量齐增的局面，即粮食产量、进口粮食、社会粮食库存总量不断增加。粮食最低收购价格政策导致了很多问题①。

正是在这样的背景下，"十八亿亩红线"再次受到冲击，而降低粮食最低收购价水平的政策也就此出台，2015年9月，东北玉米临时收储价格从2014年的1.12元/斤降到1元/斤。在国家财政乏力，国内外粮食价格倒挂的背景下，降低乃至取消粮食最低收购价是有理由的，而"十八亿亩红线"破还是不破则又一次受到关注。

"不争论"也许是有关部门最易采用的策略，2016年6月，国土资源部发布了《全国土地利用总体规划纲要（2006~2020）调整方案》，调整各地土地利用指标。京、津、沪三地耕地保有量调低，东部城市建设用地总规模增加。媒体报道，根据调整方案，上海的建设用地规模大幅增加，从29.81万公顷增加到32万公顷，增加了2.19万公顷，折合219平方公里。增加的建设用地指标相当于外环内面积的约1/3。根据此前上海的"十三五"规划，5年内增加的建设用地只有约60平方公里。调整后新增的建设用地指标，相当于"十三五"规划增加用地的3.65倍②。

最易采用的策略是否是最好的，需要一个科学的测算，若干年前确定的

---

① 第一，粮食最低收购价政策人为地扭曲了粮食价格市场信号，改变了各类主体的市场预期和经营行为。第二，粮食最低收购价格政策导致财政负担逐年加大，政府的投入越来越多，同时，主产粮区的临储仓库爆满而库存压力大增，浪费和火灾等风险难以防控。第三，粮食最低收购价提高了粮食的价格，使大米、小麦等大类农产品的加工企业生存艰难，而水稻和小麦的收购主体也由市场主体转向政策性收购库点为主，粮食市场的市场调节功能几乎被废掉。第四，粮食最低收购价政策已经使我国水稻和小麦的价格高于国际价格，造成国内市场和国际市场价格的扭曲，粮食加工企业更愿意从国际市场上采购粮食，同时也衍生了大米和小麦走私的问题。第五，粮食最低收购价政策和WTO的自由贸易协定冲突，有损中国在国际贸易和交流中的国际形象。此外，在实际运作中还存在收购主体权责不够明确，对代储企业管理难度较大，好处落在粮食收购商贩和运输企业的手中；现行最低收购价只有等级差价，没有品种差价，难以体现优质优价，不利于粮食结构调整；销售方式过于呆板，增大交易成本，且容易滋生腐败等问题。

② http://business.sohu.com/20160701/n457319263.shtml

房地产业：宏观调控与产业定位

十八亿亩红线是否靠得住呢？其实这个工作并不难，因为当时确定的十八亿亩也不过是个大致的匡算数据：当年按13亿人口吃饭，加上工业用粮等，每年粮食消耗量应该在4.5亿吨左右，2002年全国粮食总产量是4.57亿吨，当时粮食平均亩产大约是320公斤，按此计算，1.2亩人均耕地的粮食平均产量就是380公斤左右，并假定人均粮食370公斤是一个明显的界限，达到这个水平，就能够基本满足食品消费的需要，达到这个要求就需要保证有18亿亩耕地。

当年的粗算标准和假定，今天已经有了很大的变化。当年的权威部门计生委预测的16亿~18亿人的人口数量也已经过时；粮食单产在增加，人们的饮食结构在发生着巨大的改变，国际市场的粮食供应格局也在发生变化。因此，我们需要一个更加科学、更加精确的数据，中国应该保留多少耕地，应该保留什么样的耕地，发达地区和不发达地区耕地保留量应该有一个具体的规划，这应该是国土资源部最核心的工作。

同时，守住18亿亩耕地红线，也并不一意味着对城市建设土地供应的严重桎梏，而是更多地意味着科学地利用土地，应该更严格控制耕地转为建设用地，制止建设用地的过度扩张，约束盲目建设、滥上项目、固定资产投资过热、经济增长方式粗放等行为，保证农业、房地产业和整个国民经济的健康持续发展。

我国闲置土地现象十分严重[①]，特别是国有闲置土地数量大且分布广。国土资源部通过土地监察发现，2009~2013年，政府已经批出的建设用地中，闲置土地有13718宗，面积近70180公顷。截至2014年年底，国土资源部通过土地盘查发现，我国已有高达86万多公顷批而未供的土地，闲置的土地也有7万公顷。2015年7月，国土部门对29个省市、29个中央部门以及7个政府企业进行了跟踪调查，发现某些地区和部门机关在处理闲置土

[①] 2012年国土资源部发布的《闲置土地处置办法》（修订版）中所定义的闲置土地，是指国有建设用地使用权人超过国有建设用地使用权有偿使用合同或者划拨决定书约定、规定的动工开发日期满1年未动工开发的国有建设用地。已动工开发，但开发建设用地面积占应动工开发建设用地总面积不足1/3或者已投资额占总投资额不足25%，中止开发建设满1年的国有建设用地，也可以认定为闲置土地。

第8章 中国房地产业可持续发展的关键政策

地问题上的力度不够,约有22个省市和2个部门存在闲置土地的问题,闲置的土地3.6万公顷。

2015年上半年国务院根据对闲置土地的处理状况进行的第二次监察结果显示,截至2015年6月底,已经处理了面积约16160公顷的闲置土地,约占总统计闲置土地的23%,其中,继续开发建设的土地约有8640公顷,置换的土地约有667公顷,收回的闲置土地约有6853公顷[①]。

大量的闲置土地没有被充分利用,在一线城市都存在大量低矮破旧的城中村,土地没有被很好地开发建设。在大量土地未被有效利用的情况下,处心积虑地去破除十八亿亩红线是非常短视的。

比土地闲置更严重的问题是土地财政。目前我国地方政府对土地财政收入存在过度依赖现象,政府收入的1/2以上来源于土地出让,有的地方甚至高达90%。数据显示,中国土地出让金收入2007年突破1万亿元大关,2009年达到1.42万亿元,2010年为2.91万亿元,2011年为3.35万亿元,2012年为2.85万亿元,2013年为3.91万亿元,2014年为4.29万亿元,2015年为3.25万亿元。

农村集体土地被以极低的成本转为城市建设用地后,根据土地"招拍挂"制度中"价高者得"的原则,地方政府可以从中获得大量的收益,土地价格也因此而不断攀升,并推动房价上涨。

《土地管理法》的修订是一件大事,而其中最受关注的就是农地流转和入市的问题。从目前披露的信息来看,法律修订的方向是集体土地不经过转为国有土地就可以入市交易。放开农村土地流转的好处是可以促进城镇化进程,让农村土地作为资源流动起来;但其风险也可能是难以承受的,当大量农民失去土地又没有充分的生活保障情况下,社会稳定会受到冲击,允许农村集体和农民出售土地的所有权,十八亿亩红线是否会随之土崩瓦解,投鼠忌器,这也是多年来农村土地制度改革未能取得突破性进展的根本原因。

党的十八届三中全会明确提出了开展农村土地征收、集体经营性建设用

[①] 一些开发商在取得土地后,未按照规定开发建设土地,但通过一些不正当的手段避免了法律的惩处。这一方面浪费了土地,另一方面造成寻租等腐败现象的发生。

地入市、宅基地制度三项改革任务，农村土地改革和农地入市领域的实践探索与法制建设在同步进行，但这些改革涉及重要法律修改，涉及重大利益调整，涉及农村集体经济制度、村民自治制度等重要制度的完善，因此，只能在试点和经验教训的总结中缓慢推进。

目前需要做的工作是：在农村土地确权的基础上，健全程序规范、补偿合理、保障多元的土地征收制度，包括缩小土地征收范围，探索制定土地征收目录，严格界定公共利益用地范围；规范土地征收程序，建立社会稳定风险评估制度，建立兼顾国家、集体、个人的土地增值收益分配机制，合理提高个人收益，健全矛盾纠纷调处机制，全面公开土地征收信息，最终打破地方土地财政的格局，实现地方社会经济和房地产行业的健康发展；完善对被征地农民合理、规范、多元保障机制；建立同权同价、流转顺畅、收益共享的农村集体经营性建设用地入市制度，赋予农村集体经营性建设用地入市范围和途径，建立健全市场交易规则和服务监管制度。

土地储备制度和城市用地公开拍卖制度是经济改革的有益探索，应该在改革和完善中坚持下去，同时，通过土地制度改革的小范围试点，探索可行的土地制度改革路径，在实现土地利益平衡的基础上，促进土地财政的逐渐退出，增加地方政府财政收入的来源，降低地方政府对土地财政收入的依赖程度，促进房地产发展的理性回归。

8.2 金融政策

房地产金融是现代房地产业发展的基础[①]。与发达国家相比，我国房地产业与金融保险业的关联度明显偏高，却与建筑业的关联度偏低。这两个关联度实际上揭示的是房地产业资金和实物之间的关系，不合理的产业结构有可能导致整体经济的恶性变化。在发达国家，金融保险业和建筑业均为房地

[①] 房地产金融是指在房地产开发、建设、经营、流通和消费过程中，通过货币流通和信用渠道所进行的筹资、融资及相关金融服务的的总称。

第 8 章　中国房地产业可持续发展的关键政策

产业的密切关联产业，通常房地产业与建筑业的关联度比与金融保险业的关联度更大。国际经验显示，扭曲的关联关系及其逆转是房地产发生重大变局的一个信号，需要引起高度关注。比如，1970~1990年，也就是日本因房地产泡沫破裂而陷入20多年经济衰退的前夜，日本房地产业和建筑业、房地产业和金融保险业的关联关系就发生过较大的逆转：1970年日本房地产业和建筑业的后向直接关联度从0.0735下降到1990年的0.0282；而与金融保险业的关联度则从1970年的0.0107上升到1990年的0.0683。目前中国房地产业与金融保险业的关联度已经接近甚至超过日本地产泡沫形成时的水平，理应引起人们的重视。

在我们以前的研究中，曾分省区对房地产业的产业关联情况进行了分析[①]，从分析的结果来看，我国部分地区如河南省、北京市房地产业与金融保险业异常密切，如河南房地产业的后向直接关联密切产业只有金融保险业，关联度为0.0315，其消耗比例占总消耗量的85%。在后向完全关联产业中也位居第一，关联度为0.0333，占总消耗比例达56%。而本应与房地产业关联紧密的建筑业在这两个地区却与房地产业关联度较小，在河南，建筑业仅与房地产业前向密切关联，后向非密切关联；对北京而言，建筑业不论前向还是后向均为房地产业的非密切关联产业。

房地产业过度依赖金融业的格局可能会酿成房地产业发展无序和市场价格虚高、房地产投机和炒作气氛浓重，进一步发展可能导致房地产发展过热，直至出现泡沫，从而成为经济危机的导火索。

房地产业过度依赖金融业的表象也非常明显。房地产业的直接融资比例较低，而通过银行的间接融资则占有更大的比例。据统计，全国房地产开发资金中银行对开发商发放的贷款占24%左右，企业自筹占28%左右，定金及预收款占40%左右。而在定金及预收款中大部分又是银行对购房者发放的个人住房贷款。因此，房地产开发资金有60%以上来源于银行贷款，房地产开发资金对银行的依赖程度较高，银行实际上直接或间接承受了房地产

---

① 刘水杏：《房地产关联特性及带动效应研究》，中国人民大学出版社2006年版。

房地产业：宏观调控与产业定位

市场各个环节的风险，一旦房地产市场中某一环节出现问题，风险会向银行传递，带来逾期贷款和呆滞资金，在房价迅速增长、房地产规模膨胀到今天这个地步，房地产市场的泡沫一旦破裂，金融业特别是银行业受到的冲击将是难以承受的。

因此，必须采取必要的措施，逐渐将银行业的资金逼离房地产市场，使其回到制造业等实体经济，这类同于将堰塞湖中的积水在决堤之前逐渐导出。而2016年一些地方通过加金融杠杆的方式消化房地产库存的做法恰恰是背道而驰的，房地产业实际上是在踏上一条危途。

这些必要的措施至少包括：第一，通过降低金融杠杆，比如提高贷款条件等方式，降低房地产价格继续增长的预期，尤其是当心房地产去库存等政策在实践中的扭曲变形，提防一切会导致房地产价格迅速增长的政策的出台；第二，遏制货币的发行速度，降低通货膨胀预期；第三，彻底切断国有企业和房地产业的联系，因为国有企业太容易从银行获得贷款，从而抬升地价房价扰乱市场，通过混合所有制改革的形式，实现国有企业从房地产市场的逐渐淡出；第四，在防范银行风险的同时，防范债券市场的风险。

可以说，调整银行和房地产业的关系是防止我国房地产泡沫的当务之急，应从国民经济大局的角度，及时调整银行业和房地产业的关系，比如通过设定正常的贷款房价比率、规定严格的抵押条件等，使之回到正常的范围之内。

在汇率政策方面，应借鉴日本的前车之鉴。日本房地产泡沫膨胀的一个国际背景是1985年日本迫于美国在"广场协议"中施加的压力而使日元升值，其后又为了扭转因出口减少导致的经济萧条，为刺激内需而多次大幅降低官定利率，导致了房地产资金供应的膨胀，为房地产泡沫的形成注入了最原始的动力[1]。中国目前的处境和日本当年有很多相似之处，日本曾深受汇率政策之害。以此事为鉴，中国的汇率政策宜稳定，而且汇率会长期保持稳

---

[1] 与日本地产泡沫形成期的情况相对照，中国目前的房地产金融的确存在严重问题，特别是房地产已经具备了强大的保值增值的功能，并且已经使许多人的消费性购房需求演变为兼顾赢利的投资、投机性需求，越来越多的城市人群加入贷款买房、买大房行列中来，投机者暴富的案例提供了强烈的示范效应，加之房地产商的推波助澜，房产投机风盛行，已经严重超出其本来的属性。

第8章 中国房地产业可持续发展的关键政策

定的信号应十分明确，以此阻断国际游资涌入中国房地产业的脚步。

总而言之，房地产业是国民经济中一个非常重要的产业，通过前向和后向关联，影响着若干产业的发展；同时，房地产业又具有泡沫经济载体的典型特征，是金融危机的关键节点，因此，防范房地产业泡沫的产生或者把它限制在一定限度之内，同时保证金融业和房地产业的健康发展和两个产业的协同运行，是国民经济健康发展的一个关键环节。任何对地产泡沫的轻视或放纵都有可能对金融和整个经济的健康持续发展埋下隐患。

8.3 财税政策

与金融政策一样，财税政策对房地产业的发展同样有着重大影响。当前我国对房地产业税收集中在建设、买卖环节，如增值税、契税、印花税等，在保有环节基本没有税收调节，此种重流转、轻保有环节，不利于房地产资源的合理配置与利用，还助长了市场投机行为，抬高房价。

房地产涉及的税种比较多，大大小小有十几种税费，但是主要有两种税负比较沉重，即土地增值税和企业所得税。目前"营改增"并没有直接对房地产开发商产生很大的影响，只是对其上下游公司有较大影响，像服务业、建筑行业等，但营业税改增值税却可以看做是我国房地产业税收制度改革的一个重要契机，可以在降低税负的基础上尽可能地实现税负的公平性，尽管这项改革并不直接触及交易和保有环节税负的关系。

（1）应当加大对房地产保有环节的征税。但对保有环节的征税应充分考虑到之前交易环节中已经征缴的大量税收，而不应重复征税，加重人们的负担。特别是要有效解决税收的公平与效率问题，对大面积占用土地资源的住宅和两套以上的住房征收重税，提高投机者持有房产的成本，适当减少买房环节的税费，形成购房容易养房难的局面，促进拥有多套房产者对闲置住房的出售，增加房地产市场的供给，抑制投机需求，满足刚性需求，从而实现房地产资源的重新配置，稳定房价，实现房地产业的可持续发展。

(2) 利用税负调整来解决当期存量房屋资源配置的问题,一方面存在大量的存量房屋闲置;另一方面又有庞大的住房需求。科学的税制应该是在抑制投资性购房的同时,充分考虑到刚性需求,很多刚性需求也看好二手房市场,但其交易税本应当由出售者承担,实际上是买方承担,增加了购房者的负担,不利于存量房的销售。因此,对于投资型的购买者,政府可更多地向其征税;而对自用型的购买者,政府应给予相应的优惠或补贴。政策要差异化,而这种差别化税率的实施,需要建立在房地产市场信息对称、对购房者有完善的房产信息登记的制度下。目前,不动产登记工作已在全国展开,差别化税率的实施将有良好的基础。通过了解购房者家庭的住房信息,对购买大面积、多套住房者,有投机倾向者,征收重税,实现在购买环节对投机的有效抑制。

(3) 应对长期闲置的土地和闲置的住房课以重税。存量房屋闲置主要是由于保有成本较低,投机需求占比大。尤其是对1998年以来大量的房改房来说,购置成本低,物业管理、采暖费用也基本由原单位承担,闲置成本几乎为零。与此同时,由房价持续上涨带来的闲置收益却极其明显。从整个社会来说,这种个体的理性选择造成了存量房屋资源的巨大浪费。为遏制囤地和土地闲置,应吸取日本的教训,降低地产短期交易税率。应对土地闲置进行清晰的界定和严格的规制,堵塞开发商囤地投资的制度漏洞,对触犯规定者予以严厉的惩处,使其得不偿失。

8.4 信息政策

阳光是最好的杀虫剂。一个公平有效、健康发展的房地产市场必须是一个公开透明的市场。而我国在这方面差距却非常大。按理说,从计划经济转轨到市场经济,按若干年来政府对房地产市场的控制力度和各种审批的烦琐程度,我国在房地产信息的集中和掌握方面应该好于老牌的市场经济国家。但现实却是相反,尽管地方政府部门掌握着当地房地产市场的大量信息,但

第8章 中国房地产业可持续发展的关键政策

这些信息却散布在不同部门、不同区域的信息孤岛之中,既不被中央和省级政府所掌握,也不被社会公众所知悉。

不动产统一登记制度建设是信息政策上的突破点。早在2010年6月,中国住房与城乡建设部即开始推进城市个人住房信息系统联网,初衷是对联网城市的房地产交易、个人住房产权信息变更等进行实时监控,并要求全国40个重点城市在2012年6月底之前与之联网,但遗憾的是,后续工作非常缓慢,即使到了最后期限也未有特别大的动作,总体上给人的感觉是不了了之。

这样一件各界都认为非常重要也十分必要的事项,有什么样的阻力使其步履维艰呢?有评论认为,是相关官员担心自己的房产信息被暴露而有意拖延,尤其是2012年"房叔"、"房姐"等事件通过互联网发酵,不动产统一登记制度被人们寄托了协助反腐的重任之后。因此,在某些官员的房产没有处置好之前,不动产统一登记制度是不会被建立起来的。也有媒体披露说住建部开始推进城市个人住房信息系统联网之后,有一段时间市场上出现了大量来路不明的低价房源。这种说法虽很有市场,但并不能令人完全信服,毕竟这个社会的"公器私用"还没有达到这种程度。而且,腐败房产处置起来并不会耗费这么多年的时间。

另一种说法是房地产信息联网存在一定的技术难度,比如,各个城市之间的住房信息采样指标不对称,除了商品房以外,各地还存在大量的保障房、房改房、军产房、自建房等,有些地区的住房信息还是纸质档案,未录入电子信息库,并举例说,即使是北京房屋管理局也有大批2003年前的住宅尚未录入电脑。这种说法听起来更不靠谱,难道录入房产信息比一次人口普查还难吗?

在人们还探讨不动产统一登记制度建设的原因时,《北京青年报》2016年6月25日的一条消息却打破了人们的疑问,也带来更大的希望:国土资源部不动产登记局确认,实施不动产统一登记制度已纳入国务院办公厅年度专项督查台账,明确由国务院办公厅督查室协调,国土资源部具体组织实施。2016年不动产统一登记制度要在基层全面落地实施,2016年年底前所

房地产业：宏观调控与产业定位

有市县颁发新证、停发旧证。2017年1月10日前，督查组将提出工作不力或不作为地区清单和建议问责名单。2017年1月15日前，形成专项督查情况报告，按程序报送国务院同时抄送省级人民政府。

强力推进不动产统一登记制度建设的意义是不言而喻的，房地产市场信息的不透明导致了政府管理和人民生活的极大不便与市场扭曲[①]。除了国家全面掌握房地产业的信息从而使政府管理和调控房地产市场的工作，以促进房地产业的健康发展之外，专家学者所建议的"以房产信息公开作为官员财产公开的突破口"也有望实现，毕竟公开个人房产信息在很多国家尤其是发达的市场经济国家中非常普遍。

在美国，所有的房产信息都可以在官方网站上查到，既可以查询到房产地址、产权状态、房屋的结构和面积、草坪面积、税收情况、泳池大小等信息，也可以查询到市场评估价格与评估报告、交通状况、周边设施、交易历史、税收减免等信息[②]。

中国香港的土地注册处（http：//www.landreg.gov.hk）则是香港特别行政区房地产信息的集中查询地。居民可以按房地产地址查询到业主姓名、交易记录、租税、租期等信息，一些国内官员和公司老板在香港的住房信息就是从这里查询到并被披露出来，再引起媒体和社会的广泛关注。

IT技术特别是互联网技术的发展，使不动产统一登记制度变得现实可

[①] 《中国青年报》6月7日报道，济南一市民卖房后才知卖的是重点学区房，于是提起诉讼，认为教育部门未能在公众可以接触到的媒体公布学区房调整信息，导致房屋贱卖，向教育部门索赔损失34万元。最终，法院判决教育部门公开学区信息方式存在瑕疵，但不属于行政不作为，驳回原告诉讼请求。这一事件在互联网等媒体上引起广泛热议。法院裁定，教育部门变更学区房相关信息时仅在学校门口张贴了学区图，而没有依据《政府信息公开条例》的规定，以政府公报、政府网站、新闻发布会以及报刊、广播、电视等便于公众知晓的方式向外公开。一叶知秋，我国房地产市场的相关信息还是相当不透明。在市场经济条件下，消除不对称的信息可以提高市场的公平和效率。

[②] 任何人都可以在Zillow等房产信息查询网站（http：//www.zillow.com）上查到比尔·盖茨位于美国西雅图的华盛顿湖畔（具体地址：1835 – 73rd – Ave – NE Medina）的高科技湖滨别墅。所有者是比尔·盖茨和他的太太米歇尔·盖茨（WILLIAM H GATES III & LARSON MICHAEL GATES），该住宅占地面积约6600平方米。比尔·盖茨于1995～1996年分三次付款购买。根据2010年房产税预估值，建筑价值约为10316.4万美元，土地价格约为2312.1万美元，总和为12728.5万美元，约合人民币近8亿元。

第8章　中国房地产业可持续发展的关键政策

行，我国房地产信息的快速集中和方便查询是非常必要的。房地产信息可以分为两类，即宏观信息和微观信息，宏观信息至少应该包括乡镇级、县市级、地市级、省市级、国家级五个层次。各个城市和地区的房地产信息中，房地产既包括商品房也包括经济适用房，要包含住宅、办公楼、商业营业用房。披露的信息包括：开发投资情况；土地购置费；资金到位情况；施工面积；新开工面积；竣工面积；商品房销售面积；商品房销售额；待售面积；资金来源和构成。

微观层面的信息至少包括：房地产的坐落地址、界址、空间界限、面积、用途等自然状况；房地产权利的主体、类型、内容、来源、期限、权利变化等权属状况；涉及房地产权利限制、提示的事项；房地产交易情况，住房公积金的积存与使用情况，是否是学区房，周边的学校种类和级别；等等。

应披露的房地产信息，既包括各个时期的静态信息，也包括即时更新的动态信息。凡是涉及可能影响房地产交易和供给需求投资决策的信息，如周边的教育、医疗资源配置调整等，都应及时、主动、广泛地公开。

应形成严格的房地产信息披露制度，对政府部门的信息披露应有非常具体的限定性规定：明确、清晰、具体地规定什么样的信息在什么样的范围和时间段内公开；若没能履行相关公开义务，应该承担什么样的法律责任；等等。

参考文献

1. 包宗华：《关于房价收入比的再研究》，载《城市开发》2003年第1期。
2. 北京市统计局：《北京市统计年鉴》（1997~2015），中国统计出版社，1997~2015年各年。
3. 曹振良、李晟：《论房地产业在我国产业结构调整中的战略地位》，载《南开经济研究》1995年第6期。
4. 昌忠泽：《房地产泡沫、金融危机与中国宏观经济政策的调整》，载《经济学家》2010年第7期。
5. 常潇琳：《北京市房地产业对国民经济的贡献率研究》，首都经贸大学硕士论文，2010年。
6. 邓富民、梁学栋：《宏观经济、政府规制与房地产市场发展》，载《经济研究》2012年第12期。
7. 葛云：《质疑房地产支柱产业地位缺乏意义》，载《中国房地产报》2006年9月4日。
8. 郭琨、崔啸、王珏、汪寿阳、成思危：《"京十二条"房地产调控政策的影响——基于TEL@I方法论》，载《管理科学学报》2012年第4期。
9. 国家统计局：《中国统计年鉴》（1997~2015年），中国统计出版社1997~2015年各年。
10. 胡谍：《房地产市场对宏观经济的影响机制研究》，清华大学博士论文，2011年。
11. 胡志刚：《房地产业应由经济支柱转换为社会民生支柱》，载《上海房地》2010 年第 11 期。

12. 黄涛、陈良锟、王丽艳：《中国产业吸纳就业的投入产出分析》，载《经济科学》2002 年第 2 期。

13. 李东晔：《城市房地产市场健康发展综合评价体系研究》，大连理工大学博士论文，2010 年。

14. 李想：《日本战后城市化与房地产业发展的关系》，载《亚太经济》2013 年第 3 期。

15. 李欣、陈多长：《房地产业与宏观经济之间的数量关系初探》，载《现代经济》2010 年第 5 期。

16. 李玉杰、王庆石：《房地产业对相关产业带动效应的国际比较研究》，载《世界经济与政治论坛》2010 年第 6 期。

17. 梁荣：《中国房地产业发展规模与国民经济总量关系研究》，经济科学出版社 2005 年版。

18. 梁云芳、高铁梅、贺书平：《房地产市场与国民经济协调发展的实证分析》，载《中国社会科学》2006 年第 3 期。

19. 刘洪玉：《房地产开发经营与管理》，中国建筑工业出版社 2011 年版。

20. 刘洪玉：《推进与完善住房公积金制度研究》，科学出版社 2011 年版。

21. 刘水杏、张凌云等：《北京市房地产业的社会经济效应》，中国建筑工业出版社 2011 年版。

22. 刘水杏：《房地产业关联特性及带动效应研究》，中国人民大学出版社 2006 年版。

23. 刘水杏：《北京房地产业与金融业的产业关联度分析》，载《商业时代》2009 年第 11 期。

24. 刘维新：《论房地产业同经济发展的关系》，载《城市经济研究》1994 年。

25. 祁兆珍：《在社会主义市场经济条件下如何发挥房地产业的支柱作

用》,载《中国房地产》1996年第5期。

26. 邱兆祥、王涛:《论我国房地产业对国民经济的拉动与带动作用》,载《经济管理与研究》2010年第1期。

27. 沈久:《对房价收入比科学含义的再探讨》,载《中央财经大学学报》2006年第6期。

28. 沈巍:《我国房地产泡沫测度指标的构建与分析》,载《价格理论与实践》2010年第10期。

29. 汪彩玲:《房地产价格指数与居民消费价格指数关系的实证检验》,载《统计与决策》2010年第20期。

30. 王冰、朱爱国:《新加坡房地产发展概况及启示》,载《金融纵横》2011年第8期。

31. 王国军、刘水杏:《房地产业对相关产业的带动效应研究》,载《经济研究》2004年第8期。

32. 魏润卿:《现阶段我国房地产业支柱产业地位的考究》,载《学术探索》2008年第2期。

33. 翁少群、张红:《基于模糊模式识别理论的中国房地产市场发展阶段判别研究》,载《土木工程学报》2004年第5期。

34. 吴超:《房地产价格波动、货币政策调控与宏观经济稳定》,载《上海金融》2012年第5期。

35. 吴金光、何逸舟:《房地产业政府宏观调控对经济影响的实证分析》,载《财政研究》2012年第12期。

36. 武超群、蓝天:《国外保障房建设中政府参与方式分析及对我国的启示》,载《中央财经大学学报》2011年第9期。

37. 夏沁芳、仲长远等:《国际大都市房地产发展规律及对北京的启示》,北京市第十六次统计科学讨论会获奖论文集,2011年8月。

38. 向为民:《中国房地产业的支柱产业地位的量化分析》,载《统计与决策》2008年第19期。

39. 杨俊杰:《房地产价格波动对宏观经济波动的微观作用机制探究》,

载《经济研究》2012年第1期。

40. 杨文武：《中国房地产业指标体系研究》，四川出版社2008年版。

41. 杨玉珍、文林峰：《抑制房价过快上涨宏观调控政策实施效果评价及建议》，载《管理世界》2005年第6期。

42. 叶剑平、谢经荣：《房地产业与社会经济协调发展研究》，中国人民大学出版社2005年版。

43. 易宪容：《房地产业对国内金融业的依赖与影响》，载《现代商业银行》2009年第4期。

44. 原鹏飞、魏巍贤：《房地产价格波动的宏观经济及部门经济影响》，载《数量经济技术经济研究》2010年第5期。

45. 詹世鸿：《中国房地产市场与宏观经济运行的关联性研究》，吉林大学博士论文，2012年。

46. 张清勇：《房价收入比的起源、算法与应用：基于文献的讨论》，载《财贸经济》2011年第12期。

47. 张振勇：《目前房地产价格泡沫的累积危害及其抑制措施》，载《中国物价》2011年第7期。

48. 赵昕东：《中国房地产价格波动与宏观经济》，载《经济研究》2010年第1期。

49. 郑思齐、刘洪玉：《从住房自有化率剖析住房消费的两种方式》，载《经济与管理研究》2004年第4期。

50. Goodhart, C. A. E. and B. Hoffmann, "Do Asset Prices Help Predict Consumer Price", 2000.

51. Hekman, John, "Rental Price Adjustment and Investment in the Office Market", Journal of the American Real Estate and Urban Economics Association, 1985, 13（1）, pp. 32 – 47.

52. Grebler L., Burns L. S. Source, "Real Estate Economics", June 1982, Vol. 10, No. 2, pp. 123 – 151.

53. Bums, L. & Grebler, L. The Housing of Nations, Advice and Policy in

a Comparative Framework [J]. Macmillan – London, 1977.

54. F. Burns, "Long Cycles in Residential Construction", Economic Essays in Honor of Wesley Clair Mitchell. (New York, 1935), pp. 63 – 104.

55. Kim, K. H. Housing and the Korean Economy. Journal of Housing Economics. 2003 (13). pp. 321 – 341.

56. Engelhardt, Gary V. House Price and Home Owner Saving Be2havior. Regional Science and Urban Economics, 26, 1996. pp. 313 – 336.

57. Engelhardt, Gary V. House Price and t he Decision to Save for Down Payment. Journal of Urban Economics, 36, 1994. pp. 209 – 237.

58. Case K. E, Quigley, J. M., Shiller, R. J. Comparing Wealth Effects: The Stock Market Versus the Housing Market. National Bureau of Economics Research Working paper. 2001.

59. Filardo Andrew J, Monetary Policy and Asset price [J]. Economic Review quarter. Federal Reserve Bank of Kansas, 2000, pp. 11 – 37.

60. Charles Goodhart, Boris Hofmann. Do asset prices help to predict consumer price inflation [J]. Manchester School, 2000 (6), pp. 122 – 140.

61. Alchain Armen A Klein Benjamin1On a correct measure of inflation [J]. Journal of Money, Credit and Banking, 1971 (2), pp. 173 – 193.